Et si tu redistribuais les cartes de ta vie ?

Groupe Eyrolles
61, boulevard Saint-Germain
75240 Paris Cedex 05
www.editions-eyrolles.com

Éditrice externe : Nolwenn Trehondart

ISBN : 978-2-212-56925-4

Carole-Anne Eschenazi

Et si tu redistribuais les cartes de ta vie ?

Roman
EYROLLES

À ma mère, qui a vécu sa propre odyssée
en même temps que Tara menait la sienne,

And to Tom and Catherine, my inspiring muses…

Prologue

D'aussi loin que je me souvienne, j'ai toujours voyagé. Je suis d'un tempérament qui n'aime pas rester en place. Du moins pas trop longtemps. Traverser les pays, rencontrer de nouveaux êtres, découvrir des cultures à chaque fois différentes, des modes de pensée contrastés, parcourir le monde ; c'est cela qui m'anime. J'en ai presque fait ma mission ici-bas, ma raison d'exister.

Je vais mon chemin, j'arpente la planète. En essayant d'apporter mon aide, en m'appliquant à comprendre de quelle manière on peut avoir besoin de moi, de quelle façon je peux me rendre utile. C'est tellement plus intéressant de servir à quelque chose. Ou à quelqu'un.

C'est mon but depuis le début, et ça le restera encore longtemps…

1

Si tu crois fillette que ça va durer toujours,
ce que tu te goures !

(JULIETTE GRÉCO – *Si tu t'imagines*)

Tara entendit la clé tourner dans la serrure. Victor rentrait. Elle se leva du canapé dans lequel, depuis deux heures, nerveusement recroquevillée, elle attendait le retour de son mari, mâchouillant dans sa tête les mots qu'elle prononcerait. Elle se préparait à cet entretien depuis le début de l'après-midi. Elle s'était minutieusement maquillée, coiffée, habillée, se voulant à son avantage, aussi irrésistible que possible. Occire enfin cette espèce d'indifférence glaciale qui enlisait leur vie de couple depuis des mois, pour ne pas dire des années. Tara avait pris sa décision : ils ne pouvaient pas continuer comme cela. Ils devaient se parler. Crever l'abcès, expulser tous ces non-dits dont pâtissait insidieusement leur quotidien. L'heure était venue de donner une deuxième chance à leur amour. Une vraie deuxième chance. Ils étaient Tara Bouviers et Victor Volt. Cela n'était pas rien. Depuis plus d'une décennie, ils formaient un couple mythique, envié, tellement glamour. Le Tout-Paris ne jurait que par eux. Le producteur et son égérie.

Du salon où elle se trouvait, Tara écouta, avec une attention aiguisée par le trac, la porte d'entrée s'ouvrir, puis se refermer. Au bout du long couloir, au sol de granit blanc, elle perçut les gestes de son mari. Il posait ses clés sur le meuble de bois verni, accrochait son manteau, lâchait avec nonchalance sa mallette de cuir. Puis ses pas d'homme assuré frappèrent le granit tandis qu'il s'engageait vers le salon. Il allait bientôt arriver dans la pièce.

Tara regarda la photo au-dessus de la cheminée. Du haut de leur cadre gigantesque, lui souriaient deux êtres au regard conquérant : Victor et elle, immortalisés dix ans auparavant par l'un des photographes les plus en vogue de la capitale. Ils avaient l'air si fiers, prêts à dévorer le monde, à s'en faire un esclave réjoui. Il ne fallait pas que cette photo mentît. Tara devait trouver le moyen de rendre de nouveau véridique la puissance qui émanait de l'image.

Victor approchait. Son épouse bomba la poitrine, releva le menton. Elle jeta un dernier coup d'œil au miroir surmontant l'écran géant de la télé. Ses cheveux noirs, tirés en un chignon strict, laissaient la vedette aux yeux sombres, tout habillés de khôl, et à la bouche rehaussée d'un rouge à lèvres framboise. Pantalon moulant et chemisier crème mettaient en valeur les lignes irréprochables de sa silhouette. Elle se savait belle. Comme toujours, malgré les années passant. C'était, en quelque sorte, son premier métier dans la vie : être belle. Et elle l'accomplissait à merveille. D'ailleurs, cette beauté, elle s'y accrochait, elle comptait sur elle ce soir, ce serait son meilleur atout pour remporter la bataille et reconquérir la magie d'un mariage que le temps avait érodé.

Victor Volt entra dans la pièce. Instantanément, il emplit l'endroit de sa présence, qui, malgré l'embonpoint l'enrobant ces dernières années, restait aussi virile et magnétique que lorsqu'il avait 30 ans. Ses yeux bleus se braquèrent sur Tara. Elle avait prévu de parler la première, mais n'en eut pas le loisir.

— C'est bien que tu sois là, lança-t-il. Il faut qu'on discute sérieusement.

Ce dernier mot inquiéta vaguement Tara. Victor attaquait bille en tête. Elle aurait préféré qu'ils échangent un « bonsoir » ou s'embrassent tendrement comme le font les gens normaux. Afin de se donner une contenance, elle s'assit, le dos droit, bien calée contre les coussins gris métal du canapé.

— Bien sûr, Victor, dit-elle. Je t'écoute.

Il marcha jusqu'à l'imposante table Philippe-Starck contre laquelle il prit appui. Puis, il se remit à parler. Sa voix était dépourvue d'agressivité, ferme mais calme, presque câline. Ses paroles, pourtant, frappèrent Tara comme autant de pointes d'aiguille.

— J'ai beaucoup réfléchi, Tara. Nous ne pouvons pas continuer comme ça. En tout cas, *je* ne peux pas continuer comme ça.

Là, il marqua une pause, puis prit une inspiration mesurée, ce que Tara l'avait vu faire cent fois avec ses collaborateurs lorsqu'il cherchait à mener à son avantage une négociation difficile.

— Je vais demander le divorce, sache-le. J'aime Sherry. Je l'aime pour de bon. Au début, j'ai cru que c'était une simple amourette. Comme les autres. Enfin, pas plus importante que les autres. Mais ce n'est pas le cas. Je l'aime. Je veux être avec elle.

Hébétée, immobile, Tara écoutait les mots d'arsenic que la bouche de son mari lui assénait. Ce cataclysme-là, elle ne l'avait pas vu venir. Elle aurait dû. Tout, chez cette petite garce de Sherry, affichait la rouerie, la duplicité, l'ambition féroce. Alors qu'il aurait fallu se prémunir contre cette fille, s'en garder comme d'une peste blonde, la maintenir à bonne distance, Tara, naïvement, ne s'était pas méfiée suffisamment. Elle avait cru qu'il ne se passerait rien de plus qu'avec les autres : une brève idylle et puis basta. À présent, elle payait une telle candeur.

— Il y a autre chose qu'il faut que je te dise, continua-t-il en essuyant une poussière invisible sur le revers de son costard Armani. Ça concerne l'émission. J'ai décidé d'offrir *MyBeauty* à Sherry. De toute façon, si nous nous séparons, ça n'a plus de sens que ce soit toi qui la présentes. Et puis, Sherry va apporter du sang neuf à la chaîne.

— Tu me vires ? C'est ça, Victor ? Tu me vires de l'émission que j'anime depuis dix ans pour l'offrir à une stagiaire de plateau embauchée il y a six mois ? parvint à articuler Tara.

— Je n'aime pas ce terme de « virer ». Disons que je remodèle le programme pour septembre. Je crois que c'est la meilleure solution. Pour tout le monde.

Tara se leva. Ligotée dans le silence, elle se dirigea vers la fenêtre. Derrière la vitre, en bas, elle contempla l'avenue Foch, qui laissait doucement mourir cet après-midi de juin, insensible aux drames qui pouvaient se nouer au sein de ses immeubles bourgeois.

En plus de l'abasourdissement qui la tétanisait, Tara sentit monter en elle une profonde tristesse et une intense colère. Elle les refoula aussitôt. Elle ne devait surtout pas s'abaisser à montrer à Victor qu'elle était atteinte. Toujours mutique, elle continua à fixer la vie parisienne s'écoulant au-dehors, n'offrant à son époux que la vue de son dos, implacablement vertical. Au bout de longues secondes, il poussa un soupir d'impatience et s'éloigna de la table.

— Tu ne dis rien ? s'agaça-t-il.

— Il n'y a rien à dire.

Elle se retourna enfin. Dans le miroir, elle aperçut ses yeux noirs qui étincelaient, deux ovales presque phosphorescents. Sévère, crispée, elle ressentait une rage carnassière mais la contenait de toute l'ardeur de sa volonté. Ses griffes et ses crocs, elle n'allait pas les montrer. Car la maîtrise de soi est le plus grand des pouvoirs. Cela, elle le savait depuis toujours.

— Bordel, Tara, réagis ! s'emporta-t-il. J'ai l'impression que tout ce que je t'annonce te laisse de marbre. Engueule-moi, gifle-moi, frappe-moi, mais ne garde pas ce visage hermétique.

— Je suis d'accord pour divorcer, envoya-t-elle à la face de son mari, ou bientôt ex-mari. Mais je te préviens, tu ne t'en tireras pas avec un consentement mutuel. Ce divorce, je le ferai prononcer à tes torts exclusifs.

— Nous pouvons en parler si tu veux, tenta-t-il, essayer de trouver le meilleur arrangement, pour qu'il y ait le moins de dommages possibles, voir comment parvenir à…

— C'est tout vu, le coupa-t-elle.

Les yeux volontairement détournés de celui qu'elle laissait derrière elle, Tara s'avança dans le corridor.

— Mais tu vas où ? l'interpella-t-il.

— Dehors !

Délaissant son portable sur le meuble de l'entrée afin de ne pas être jointe dans l'heure qui suivrait, Tara saisit son manteau noir et son sac. Elle sortit sur le palier. Et le claquement sec que produisit la porte fut le seul requiem des espoirs fusillés de Tara et du mariage des Volt.

Une fois dans la rue, Tara respira à fond l'oxygène que lui prodiguait l'avenue. Elle se tint là, debout, corsetée dans le maintien que lui avait enseigné la danse classique. Contre ses omoplates, elle sentait le verre épais de la haute porte vitrée de son immeuble. Puis, elle n'eut plus envie d'immobilité ni de silence. Elle installa ses lunettes noires Gucci sur son nez pour éviter d'être trop reconnue et se mit en marche, en direction de l'Étoile. Des voitures, du trafic, des gens, c'est cela qu'elle voulait retrouver. Se perdre dans la foule, dans le bruit, le chaos. Dériver loin du bel appartement, si luxueux, si vaste, si vide de joie. Pour le moment, il ne fallait pas penser, ni se retourner, il fallait marcher. Marcher jusqu'à un refuge temporaire. Dompter l'alarme qui parcourait ses veines.

À chaque fois qu'elle sentait son esprit sur le point de flancher, Tara accélérait le pas. Ne pas réfléchir. Ne pas s'arrêter.

Continuer d'avancer. Elle refoulait toutes les émotions qu'aurait été en droit de faire surgir l'entretien qu'elle venait de vivre. Ce n'était pas le moment de ressentir.

Çà et là, quelques regards de passants s'attardèrent sur son visage, se demandant sans doute si cette femme à la mine sombre était bien celle qui, souriante et enjouée, animait *MyBeauty*. Heureusement, nul n'osa l'aborder pour le vérifier.

Arrivée à l'Arc-de-Triomphe, elle dégringola les Champs-Élysées. Comme un automate, elle alla jusqu'à la rue Marbeuf. Là, elle s'arrêta dans un salon de thé où elle avait ses habitudes. Elle avait besoin d'un remontant. Quelque chose de chaud et de fort. Elle commanda un irish coffee. Assise à table, son breuvage entre les mains, elle laissa ses yeux vagabonder, regarda les personnes autour d'elle. Elle vit une jeune fille rousse accompagnée d'une dame plus âgée avec une écharpe multicolore. Certainement une fille et sa mère. Il y avait aussi un couple, tous deux blonds comme des soleils. Et une femme seule en train d'écrire, tout entière projetée dans le cahier qu'elle remplissait de lignes noires. Tous ces êtres avaient l'air sereins, satisfaits de vivre l'instant présent, presque gais. Tara les contempla : ils étaient tranquillement installés dans leur vie tandis que la sienne venait de se faire décapiter. Elle enviait ces cœurs paisibles. Aucun d'eux, d'ailleurs, ne fit attention à elle ni ne sembla la reconnaître, ce qui, en l'occurrence, l'arrangeait.

Dire qu'elle avait espéré que Victor et elle pourraient se donner une deuxième chance. Cette idée l'avait hantée toute la journée. Ces dernières semaines, elle s'était persuadée qu'ils parviendraient forcément à tout réparer, à prendre un nouveau départ. Au nom de tout ce qu'ils avaient construit. Au nom de l'émission. Au nom de leur amour. Quelle idiote elle faisait ! Mais quelle sombre idiote ! Lui, pendant ce temps, manigançait le moyen de se débarrasser d'elle. Leurs planètes étaient désormais à des années-lumière l'une de l'autre, et elle n'avait pas vu venir la rupture.

Son récent anniversaire avait pourtant semé des indices allant dans ce sens. Elle avait fêté son quarantième printemps quelques semaines auparavant. « *Fêté* » était d'ailleurs un bien grand mot. Ce soir-là, après une journée de tournage harassante, elle avait juste bu une rapide coupette de champagne avec l'équipe de *MyBeauty* avant de rentrer chez elle préparer l'émission du lendemain. Victor, retenu par un dîner d'affaires, lui avait fait porter des fleurs. Il n'était pas venu, n'avait pas appelé. Il avait simplement fait livrer un bouquet de jonquilles jaunes. C'était symptomatique. Et Tara avait alors senti tout ce que ce geste formel révélait de l'état de leur relation.

Mais elle avait voulu vivre dans la certitude – en fait dans l'illusion, saisissait-elle à présent – que leur couple était indestructible. Oui, ils se chamaillaient, se voyaient trop peu, étaient noyés de travail ; oui, Victor avait des maîtresses et Tara, bien souvent, s'était sentie frustrée au sein de leur histoire. Mais, vissée à l'idée que leur serment nuptial ne pourrait jamais se défaire, elle s'était raconté que tout cela n'avait pas d'importance. La vie, après tout, n'était pas un conte de fées. Pour elle, seul comptait l'engagement qu'ils avaient pris l'un envers l'autre. Un engagement *ad vitam*, qui mêlait leurs destins personnel et professionnel. Elle était sa muse et entendait le rester.

Ce soir cependant, Tara réalisait qu'elle était la seule à avoir eu cette vision de la situation. Victor, de son côté, n'avait eu aucun scrupule à laisser son cœur être piraté par l'ultime pin-up que la fantaisie lui avait pris de culbuter.

Qu'allait-il se passer à présent ? Tara avait enregistré dans la semaine la dernière émission de la saison. Ce serait donc aussi sa dernière émission tout court. À la rentrée, Sherry reprendrait le flambeau. Victor ne lui avait même pas laissé la possibilité de dire au revoir à son public. Elle quittait la scène sans honneurs. Sans doute les médias lui offriraient-ils l'occasion de s'exprimer, d'expliquer les conditions de son départ. Mais elle se voyait mal régler ses comptes de cette façon-là. C'aurait été vraiment tomber trop bas. C'était déjà suffisamment pathétique, à 40 piges, de se retrouver divorcée et licenciée comme une malpropre.

Face à tant de constats désastreux, Tara décida de procéder comme elle procédait à l'accoutumée : elle évacua ces pensées douloureuses, les relégua à un autre moment, avec l'espoir qu'elles sauraient, dans l'intervalle, s'annihiler d'elles-mêmes.

Au bout d'une multitude de minutes, le whisky aidant, Tara finit par apaiser ses nerfs à vif et des flammèches d'espoir renaquirent même en elle. Tout n'était peut-être pas si noir. Il devait bien y avoir un moyen de reconquérir Victor. Et aussi un moyen de ne pas se laisser déposséder d'une émission dont elle avait été, pendant dix ans, la vedette incontestable. C'était grâce à elle que Victor, qui produisait le show, avait gagné des sommes mirifiques. Grâce à elle que *MyBeauty* était devenu un programme-phare de la chaîne câblée qui la diffusait. Elle était Tara Volt, nom d'un chien ! Une femme qui faisait la une des journaux, l'Anna Wintour du monde de la beauté, admirée, reconnue, redoutée. Ce n'était pas une petite Sherry à la gomme qui allait pouvoir la détrôner si facilement. Elle était prête à se battre. Elle montrerait à Victor qu'il se trompait. Elle lui prouverait qu'ils étaient invincibles, à condition de demeurer ensemble, et qu'aucune blondinette ne méritait le parjure que son mari avait la folie de vouloir commettre. Laissant l'alcool achever de la griser, elle ferma les yeux, inclinant légèrement la tête vers l'arrière. Se détachant de toute autre pensée, elle se répéta que tout allait bien se passer, que tout s'arrangerait, qu'il ne pouvait en être autrement.

Lorsqu'elle reprit le chemin de l'avenue Foch, un long, très long moment s'était écoulé, et il faisait déjà nuit. Sa marche était plus calme, moins syncopée. Elle allait rentrer chez elle. Elle parlerait avec Victor. Et là, elle lui dirait. Quoi exactement, elle ne le savait pas encore. Mais elle tenterait quelque chose. Même si cette tentative froissait sa fierté, et même si elle ressentait une crainte macabre à l'idée de tout ce qu'elle perdrait si sa tentative échouait.

Parvenue en bas de chez elle, elle leva les yeux vers les fenêtres de son appartement. Aucune lumière ne filtrait, les vitres n'encadraient que l'obscurité. Victor n'était pas là. Elle en ressentit une profonde déception. Il devait être parti travailler au bureau. Ou alors, il était chez… Tara court-circuita immédiatement cette pensée, et commença à chercher ses clés dans son sac à main. Ce n'était pas grave s'il n'était pas là. Elle allait l'appeler et lui dire qu'elle avait à lui parler, voilà tout. Il la rejoindrait, et ensuite… Ensuite, on verrait bien.

Clés en main, elle s'approcha de la lourde porte et s'apprêta à entrer dans l'immeuble. C'est alors que surgit le type, avec sa lame de rasoir.

2

This is the end, my only friend, the end[1].

(THE DOORS – *The End*)

— File-moi ton sac, connasse ! hurla le loubard tandis que son bras armé se déployait brutalement vers le cou de Tara.

Elle sentit contre sa gorge le tranchant du métal. La terreur se répandit en elle comme une gerçure glacée. Tel un automate, elle tendit l'objet en direction du gars à qui les ténèbres environnantes, à peine trouées par quelques rares réverbères, servaient de complice. Ses narines eurent le temps de déceler une haleine empestée de tabac et d'alcool, ainsi qu'une forte odeur de transpiration. Le type saisit le sac à la façon d'un fauve capturant une proie, puis il s'évapora aussi subitement qu'il était apparu. Tara se retrouva seule devant son immeuble, tout ensevelie de nuit, et délestée de sa luxueuse besace.

D'une main tremblante, elle composa le code, puis entra. Appuyée contre le mur du grand hall, elle tenta de reprendre son souffle et de calmer les battements frénétiques de son cœur. Il fallait juste monter à l'appartement. Et là, tout irait bien. Elle n'aurait plus rien à craindre. Juste monter à l'appartement.

1. « Voici la fin, mon seul ami, la fin. »

Les jambes mal assurées, elle s'engouffra dans l'ascenseur. Dans son poing gauche, elle tenait toujours ses clés, les serrant tellement que celles-ci s'enfonçaient douloureusement dans sa paume.

Parvenue à son étage, il lui fallut s'y reprendre à trois fois pour ouvrir la porte, tant ses doigts titubaient encore. Enfin chez elle, la porte convulsivement verrouillée et les lumières non encore allumées, Tara se laissa glisser au sol. Elle y resta un long moment, prostrée, échouée contre le granit impassible, que le manque de clarté rendait gris. Genoux repliés contre sa poitrine, la jeune femme se sentait seule, effroyablement seule. Comme elle aurait voulu que Victor fût là en cette minute ! Au diable les malentendus, les fautes, les défaites qui jalonnaient leur histoire ; elle aurait voulu qu'il fût là et qu'il prît sur ses épaules toute l'horreur de l'événement. De sa voix grave, si masculine, si rassurante quand il le voulait, il aurait su lui dire les mots les plus à même de noyer l'épouvante qui la submergeait.

Mais Victor n'était pas là, l'odieux silence était la preuve de son absence. Et Tara ressentit d'autant plus impérieusement le besoin de l'appeler. Elle devait lui dire qu'elle avait été agressée. Sachant cela, il viendrait forcément. Et alors tout rentrerait dans l'ordre.

Ragaillardie par son intention, elle se leva et saisit, sur le meuble de l'entrée, le téléphone portable qu'elle y avait laissé quand elle était sortie. À ce moment-là, elle aperçut le Post-it.

> *Je suis parti chez Sherry. Je te recontacterai pour mettre en route le divorce. Essaie de ne pas trop m'en vouloir.*

Ce qui pouvait rester d'alcool ou d'espoir dans les veines de Tara fut aussitôt dissipé. Ses yeux qui, l'instant d'avant, trahissaient encore l'affolement qu'elle ressentait, devinrent fixes, de nouveau durs. Victor n'était pas là et n'y serait plus jamais. Du moins pour elle. Elle n'était plus la muse qu'il voulait choyer, célébrer, consoler, rassurer. Elle n'était qu'un morceau de passé déjà remplacé.

Tara releva le front, étendit sa colonne. Afin de reprendre un semblant de contrôle sur la situation et de se convaincre que le larcin qu'elle venait de subir n'était pas si grave que ça, elle fit mentalement le compte de ce qui lui avait été dérobé. Il y avait ses deux rouges à lèvres fétiches, quelques autres produits de beauté journaliers indispensables, son porte-monnaie Lancel, le Patricia Cornwell qu'elle était en train de lire – Kay Scarpetta était son héroïne préférée –, le miroir de poche en platine ciselé que Victor lui avait offert pour ses 30 ans – à cette époque-là, il ne se contentait pas de fleurs jaunes ! –, son stylo Mont-Blanc, son carnet de notes contenant ses idées autour de *MyBeauty*. À l'exception du miroir, auquel elle tenait énormément et dont la perte lui fendillait le cœur, tous les autres éléments, qu'elle avait pourtant jugés indispensables à son quotidien, perdaient ce soir de leur valeur. Leur disparition, au fond, n'était que peu de chose comparé au reste. Quant aux objets vitaux – papiers et portable –, elle les avait heureusement laissés dans l'entrée quand elle était sortie.

Elle songea à appeler la police avant de se raviser. À quoi bon ? Il lui faudrait se déplacer, faire une déposition, et peut-être porter plainte. Or, pour l'heure, Tara n'avait pas envie de parler à qui que ce fût.

Elle prit une douche brûlante et rassembla ses esprits. La première urgence était de quitter cet appartement, trop rempli de ses souvenirs avec Victor, et dans lequel elle ne voulait pas passer une journée ou une nuit de plus.

Pendant que le pommeau chromé lui prodiguait une eau bienfaisante, nettoyant sa peau aussi bien que son âme, Tara se demanda où elle allait dormir. Avant même qu'elle ait eu fini de se poser la question, la réponse s'imposa. Ce serait le premier repli idéal avant de prendre des décisions pour le long terme.

Après sa douche, elle vint s'installer sur le lit de la chambre, un lit si grand qu'il accueillait sans peine Victor, Tara et le fossé qui s'était creusé entre eux. Puis elle composa le numéro. Bien sûr, il était tard. Mais, dans le fond, pas si tard que ça. Et celui qu'elle appelait n'était pas un couche-tôt.

— Papa ? C'est moi. Est-ce que je peux venir dormir chez toi ce soir ?

Stanislas Bouviers habitait rue du Mont-Thabor dans le quartier des Tuileries. Anciennement nez chez Sévrin, le célèbre parfumeur de la place Vendôme, il était aujourd'hui à la retraite. Divorcé de Daisy, la mère de Tara, depuis vingt-cinq ans, il n'avait pas refait sa vie et vivait seul, dans un appartement voué au souvenir de celle qui l'avait déserté plus de deux décennies auparavant.

Tara expliqua brièvement à son père le point de non-retour où en était son couple. Elle s'entendit prononcer les mots de « divorce » et de « licenciement » comme s'ils ne s'appliquaient pas à elle, et qu'elle parlait d'une autre femme à qui ils auraient été en train d'advenir. Cette méthode, que sa conscience jugeait bien un peu immature, avait au moins le mérite de lui épargner une souffrance inutile au niveau de l'ego.

— Tu es ici chez toi, fut la réponse paternelle, et tu peux rester le temps que tu veux.

Dans deux énormes valises, Tara empaqueta ses affaires les plus précieuses : ses sept paires de chaussures préférées, sa collection de Kay Scarpetta, ses CDs personnels, ses vêtements favoris, ainsi que les deux ou trois bibelots qui, dans la décoration design et intégralement conçue par Victor, avaient représenté son apport à elle. Puis elle commanda un taxi.

Lorsqu'elle se fut installée à l'intérieur du véhicule, elle interdit à ses yeux de contempler l'endroit qu'elle délaissait, de la même façon qu'elle avait interdit à son cœur, en quittant l'appartement et en le refermant à clé, sans doute pour la dernière fois, de s'émouvoir de ce départ.

Tara fut chez son père moins de vingt minutes plus tard. Elle s'installa dans la chambre où elle avait passé son enfance et son adolescence, et que Stan gardait toujours prête pour elle. Désignant les deux valises qu'elle avait apportées, il demanda :

— Tu n'as emporté que cela ?

— J'ai pris ce dont j'avais le plus besoin. Pour le reste, on verra plus tard.

— As-tu dîné ?

— Non.

— Alors viens, je t'emmène au restaurant thaï, celui que tu aimes bien, rue Cambon.

— À cette heure-ci ?

— Ils servent jusqu'à 23 h 30, on a largement le temps. Et puis, ça va te changer les idées.

Stanislas avait raison. Le cadre raffiné de l'établissement et la nourriture non moins raffinée redonnèrent des forces vives à Tara. Inévitablement, ils rediscutèrent du divorce. Mais de l'agression et du sac volé, Tara ne fit aucune mention. Elle préférait que cela restât un secret entre elle et l'avenue Foch.

— Et pour l'émission ? questionna Stan. Comment allez-vous faire ?

— Eh bien, mademoiselle Sherry, non contente de me remplacer dans le lit de Victor, va également me remplacer sur le plateau de *MyBeauty*. Il faut du sang jeune pour la chaîne, paraît-il.

— On peut vraiment dire que Victor s'est comporté comme le dernier des goujats ! A-t-il seulement le droit de faire ça ? N'as-tu pas un préavis à effectuer ? Il ne peut pas te virer du jour au lendemain.

— En fait, mon contrat s'est arrêté à la fin de la semaine dernière. On le reconduisait tous les ans avant les grandes vacances. Là, il n'y aura pas de reconduction. Sherry reprendra l'émission en septembre. Et le tour est joué. Victor ou l'art de se débarrasser d'une épouse obsolète en deux temps trois mouvements !

— C'est vraiment un salopard !

— Bon, écoute papa, je préfère qu'on parle d'autre chose. Mon divorce ou *MyBeauty* ne sont pas des sujets sur lesquels j'ai envie de m'appesantir ce soir.

— Bien sûr, je comprends. Est-ce que tu as des projets personnels sur lesquels tu peux te concentrer ?

— Non. Je ne sais pas encore ce que je vais faire. Mais ce n'est pas très grave. J'ai heureusement les moyens, grâce aux revenus que j'ai touchés sur *MyBeauty* pendant toutes ces années, de prendre quelques semaines pour souffler un peu. En plus, tel que je connais Victor, je suis sûre qu'il tiendra à me verser des indemnités compensatoires à tire-larigot. Il ne sera pas chiche de ce côté-là, j'en suis quasiment certaine. Il voudra jouer les grands seigneurs.

— Est-ce que tu as prévenu ta mère ? demanda Stanislas.

— Non. Pour tout te dire, je ne suis pas pressée de le faire. Tu sais à quel point elle vénère Victor. Elle voudra à toute force me démontrer que ce qui est arrivé est de ma faute. Je vois ça d'ici.

— Il faut pourtant bien la mettre au courant.

— Certes. Je passerai la voir demain, ce sera bien assez tôt. Vous avez toujours des contacts, elle et toi ?

— De loin en loin. Elle me téléphone. À chaque fois, ça me fait plaisir de l'entendre, je l'avoue. À chaque fois aussi, je suis frappé de constater à quel point vous avez la même voix toutes les deux.

— Oh, papa, ne dis pas n'importe quoi !

— Je t'assure… Enoch prend-il toujours bien soin d'elle ?

Tara secoua la tête.

— Je ne sais pas comment il fait pour la supporter au quotidien, répondit-elle. Moi, je ne pourrais pas. Mais lui, il la dorlote comme une princesse.

— Tant mieux, elle le mérite.

— Tu es toujours si indulgent avec elle, remarqua Tara. Comment arrives-tu à ne pas lui en vouloir pour tout ce qu'elle t'a fait ?

— Je n'ai pas à lui en vouloir. Nous nous sommes aimés. Puis l'amour s'est éteint, du moins de son côté à elle. Ce sont des choses qui arrivent.

Tara regarda son père. Un peu de sel commençait à peine à blanchir le poivre de ses cheveux brillants. À 65 ans passés, il gardait toujours une ligne et un air de jeune homme. Cependant, dans son regard, quelque chose de triste et de solitaire affleurait par moments. Et Tara ne savait que trop où cette mélancolie dans les yeux de son père prenait sa source.

— Pourquoi tu n'as jamais refait ta vie ? demanda-t-elle. Maman ne s'est pas gênée, elle. Pourquoi tu n'as pas suivi son exemple ?

— Refaire ma vie ? Mais qu'est-ce que ça veut dire *refaire sa vie* ? Ça n'a pas de sens. Ma vie était là, c'était Daisy et toi. Daisy a choisi de partir pour être avec Enoch. Ce choix la regarde. Mais en quoi aurait-il dû modifier mon choix à moi ? J'aimais ta mère, je l'aime encore. Je l'aimerai toujours. Ce que les autres appellent *refaire sa vie* ne serait pour moi qu'une vaste fumisterie, un énorme mensonge. C'est tout.

Tara n'insista pas. En ce jour particulier, elle était bien placée pour comprendre que chacun se sert des armes qu'il peut pour encaisser les coups sournois que la vie se plaît à infliger.

Au moment du dessert, une femme dodue qui, depuis le début du repas, lorgnait Tara à la table d'à côté, finit par oser s'approcher.

— Vous êtes bien Tara Volt, la présentatrice de *MyBeauty* ? demanda-t-elle.

Tara hocha la tête affirmativement en laissant échapper un imperceptible soupir.

— Je peux vous demander un autographe ? questionna la femme en présentant papier et stylo.

Tara signa le petit carré blanc.

— J'adore votre émission. Je ne la rate jamais. Je suis toujours tous vos conseils beauté, je vous trouve merveilleuse ! Et je suis vraiment désolée pour ce qui vous arrive...

Comprenant que la nouvelle de sa séparation avec Victor avait déjà fuité, l'ex-animatrice tâcha de ne pas avoir l'air affectée.

— Merci, c'est très gentil, répondit-elle vivement pour ne pas froisser son interlocutrice mais en ayant hâte que leur échange prît fin.

Au bout d'un temps qui n'excéda pas quelques dizaines de secondes mais parut quand même durer cent ans à Tara, la femme s'éloigna, satisfaite, son trophée autographié fièrement en main.

Après le dîner, le père et la fille rentrèrent rue du Mont-Thabor.

— Tu te souviens des glaces qu'on allait manger au jardin des Tuileries le dimanche après-midi lorsque tu étais petite ? demanda Stan tandis qu'ils marchaient côte à côte.

— Bien sûr que je m'en souviens.

— Qu'est-ce que j'étais fier d'avoir une gamine comme toi, si gaie, si intelligente ! J'étais le père le plus heureux du monde !

Il se tut quelques instants, avant d'ajouter :

— Tu vas t'en sortir, tu sais. Tu traverses une épreuve, mais tu la surmonteras, j'en suis sûr.

— Je sais, papa, je sais.

— Ah, au fait, la semaine dernière, je suis passé chez Sévrin. Je t'ai pris un flacon de *Tara Bayan*. Je me suis dit que cela te ferait plaisir. Tu le trouveras sur ta table de chevet.

Tara Bayan était un parfum que Stanislas avait créé spécialement pour sa fille. Il l'avait mis au point lors de son septième anniversaire. C'était une fragrance à base de menthe et de jasmin, que Tara prisait beaucoup. Régulièrement, Stan lui en procurait de nouvelles bouteilles.

— Tu as bien fait, répondit-elle. Je te remercie.

Arrivés à l'appartement, Tara souhaita une bonne nuit à son père puis, après l'avoir une nouvelle fois remercié de l'accueillir chez lui, elle se retira dans sa chambre. C'était un peu étrange de se retrouver ici, dans cette pièce qui l'avait vue grandir. Il y avait bien sûr un côté cocon qui était rassurant, mais aussi un côté régression assez déprimant, sur lequel Tara préféra ne pas s'attarder. Elle se mit en tenue de nuit, s'aspergea de *Tara Bayan* et se glissa sous les draps. Elle tenta de lire mais son esprit battait la campagne et refusait de se concentrer sur le contenu des pages. Alors, d'un coup de mollet, elle repoussa la couverture, et vint s'installer près de la fenêtre.

Face à elle, coupant la rue du Mont-Thabor à la perpendiculaire, la rue Rouget-de-Lisle s'élançait jusqu'aux grilles du jardin des Tuileries. Derrière les grilles, Tara apercevait les arbres aux feuilles denses, majestueux, tranquilles, déjà parés de leurs atours pour les touristes qui allaient venir les admirer durant l'été. Tara aurait voulu être l'un de ces arbres, enraciné, imperturbable. Ou elle aurait voulu être touriste en terre inconnue. Dissoudre les méandres de son existence en un autre lieu. Oublier sa réalité pour mieux en retrouver le sens. L'envie l'agrippait, violente, de s'éloigner du cyclone qui, depuis la fin de journée, avait pris possession de son destin.

Tout cela était si effrayant. Pour l'heure, il valait mieux arrêter de brasser ces idées noires. Il serait bien temps, demain, de réfléchir à un plan d'action. Elle alluma la télé qui faisait face au lit, en prenant garde que le son ne tonitruât pas. Une émission consacrée au groupe The Doors était diffusée, qu'elle suivit d'une oreille distraite.

Saisissant son portable, elle ne put s'empêcher de cliquer par réflexe sur les nombreuses notifications apparues sur ses comptes Instagram, Facebook et Twitter. À sa grande consternation, elle vit que des rumeurs de séparation entre elle et Victor se répandaient sur le Net, et que des photos de Sherry et lui inondaient la toile. Les commentaires allaient bon train. Certains internautes exprimaient leur incrédulité, d'autres leur solidarité, d'autres encore la raillaient ouvertement, ironisant sur les cornes qu'elle portait au front. Il y avait même des posts carrément hostiles : « Miss Beauté va moins la ramener maintenant qu'elle est renvoyée par la petite porte ! » De telles remarques ébranlèrent Tara. Elle voyait d'ici les gros titres des journaux à sensation : « Tara Volt larguée pour la jeune et jolie Sherry : la fin de dix ans de règne ! » Elle allait devoir la jouer très serré pour s'en tirer le front haut.

Elle soupçonna Victor d'être à l'origine des fuites. Sans doute voulait-il tirer la situation à son avantage. Il ne perdait pas de temps, et il était clair que ni la délicatesse ni la discrétion ne l'étouffaient. Toute l'équipe de l'émission devait être déjà au courant de son très prochain passage de « femme mariée » à « femme divorcée », et de « star télévisuelle » à « animatrice déchue ». Pour cette raison, Tara n'eut aucune envie de les contacter. C'était surtout les relations de Victor, non les siennes. Avec la jalousie qui les caractérisait, ils devaient tous être plus ou moins ravis de la situation. Exaspérée, elle éteignit son portable d'un geste brusque.

Il fallait bien entendu riposter. Mais pour l'heure, Tara n'avait pas d'idée quant au post stratégique à publier. La contre-attaque sur la Toile attendrait demain, lorsqu'elle y verrait plus clair. D'ici là, elle devait impérativement poser un veto sur ses pensées anxieuses.

À ce moment-là, Jim Morrison entonna sa chanson *The End*.

> … *This is the end, my only friend, the end…*

— Ouais, t'as raison, mon vieux Jim ! lui répondit Tara la mine sombre. La fin, on est en plein dedans. Et pour l'instant, je ne sais pas du tout quoi faire pour me sortir de tout ce foutoir…

3

Viens à la maison, y'a le printemps qui chante !

(Claude François – *Viens à la maison*)

Le matin suivant, Tara se réveilla avec une mine de papier mâché et une humeur grisonnante. Son premier réflexe fut de checker les réseaux sociaux sur son smartphone, et ce qu'elle y trouva ne la réjouit guère. Les rumeurs de séparation du couple Volt enflaient, celles d'une reprise de l'émission *MyBeauty* par Sherry faisaient de même, et Tara constata qu'elle avait même perdu des *followers* sur Instagram. En ouvrant Facebook, elle eut le timide espoir que des fans lui auraient écrit quelques mots de soutien. Il n'en était rien. Un transfert semblait même s'être opéré vers le profil de sa rivale, qui comptabilisait de nombreux supporters la félicitant de son apparition prochaine sur le petit écran. Tara repoussa son appareil avec dégoût, avec l'impression d'avoir déjà été oubliée. Il valait mieux se lever et entamer la journée. Plus vite les corvées du moment – à savoir rendre visite à sa mère et appeler Victor – seraient accomplies, mieux ce serait.

Après avoir prévenu sa mère de son arrivée, Tara prit un taxi pour le boulevard Saint-Germain, où Daisy et son deuxième mari, Enoch Weber, possédaient un appartement à faire pâlir d'envie tous les nantis parisiens. Immeuble en pierre de taille, onze pièces, 600 mètres carrés se répartissant le long des huit hautes fenêtres qui donnaient sur les platanes de la rue. Daisy, qui avait cessé de travailler peu après son second mariage, occupait depuis ses journées à aménager son domicile, le remplissant de meubles précieux et de tableaux de collection. Le temps qu'elle ne passait pas à sublimer son intérieur était consacré au shopping avenue Montaigne, aux soins de beauté en institut, aux thés mondains pris avec quelques épouses de ministres ou de banquiers, et à l'organisation de réceptions somptuaires au sein de sa demeure.

Regardant distraitement les artères de Paris qui défilaient derrière sa vitre, Tara essaya d'anticiper les réactions de sa mère aux annonces qu'elle allait lui faire. Elle savait que, de toute façon, la discussion serait compliquée. Depuis le lointain divorce de ses parents, Tara entretenait des relations difficiles avec Daisy, la jugeant responsable de cette brisure qui avait douloureusement marqué sa vie. Sa mère l'agaçait au plus haut point avec son côté femme-enfant, attachante mais égoïste, à la fois fragile et futile, ayant besoin de la protection et de la sécurité financière que lui offrait Enoch. Aux yeux de Tara, Daisy était un être volage, infidèle, oisif et superficiel, qui avait un jour trahi un mari aimant, et détruit un foyer heureux. Elle s'était soustraite à ses responsabilités familiales autant qu'à ses engagements, et n'avait pensé qu'à sa petite personne. Cela, Tara ne pouvait le lui pardonner. Pour elle, un serment était un serment. Et Daisy avait fauté.

C'est Enoch qui vint ouvrir la porte. Il l'embrassa chaleureusement. Elle s'était toujours bien entendue avec lui. Elle aurait pu le détester, jugeant, non sans raison, qu'il était la cause de l'échec de l'union de ses parents. Mais Enoch était un homme sympathique. Plutôt beau garçon, il avait fait fortune grâce à un sens inné des affaires. Ses yeux gris expressifs, sa mâchoire volontaire et son sourire communicatif en imposaient.

— Ta mère est dans le salon, annonça-t-il. Elle t'attend.

Il la conduisit jusqu'à la pièce principale, décorée dans des tons rouge et crème, où, installée dans un fauteuil, se tenait Daisy.

— Bonjour ma chérie, clama-t-elle aussitôt à l'intention de l'arrivante. Viens, j'ai fait préparer du thé.

— Je vous laisse, dit Enoch. J'ai cru comprendre que vous aviez des choses importantes à vous dire. Je serai dans mon bureau.

Il s'éclipsa. Tara s'avança jusqu'à sa mère, lui fit une bise formelle, puis s'assit en face d'elle, dans le canapé de soie vermillon, de l'autre côté de la table basse chinoise sur laquelle était posé un plateau contenant une théière et des tasses. Daisy portait un ravissant tailleur-jupe rose pâle, ainsi que des chaussures aux talons indécemment hauts. Une ceinture à boucle argentée sanglait sa taille de guêpe. Des bijoux brillaient à ses poignets, son cou et ses oreilles. Déjà maquillée et brushinguée à la perfection, elle entamait douillettement sa journée de femme du monde.

— Veux-tu que je te fasse servir un petit-déjeuner ? questionna-t-elle.

— Non merci, maman, répondit Tara. Je ne mange pas le matin.

— Tu as raison. Je fais pareil, c'est excellent pour la ligne. Laisse-moi quand même t'offrir une tasse de thé.

Elle emplit la coupe de porcelaine et la tendit à sa fille. Tara se lança sans attendre.

— J'ai quelque chose à t'annoncer, expliqua-t-elle. Je ne sais pas trop comment m'y prendre, alors le mieux est d'y aller sans fioritures, directement. Voilà, Victor demande le divorce.

— Oh, mon Dieu ! s'étouffa Daisy en reposant sa tasse avec une espèce de hoquet grandiloquent qui aurait presque pu être comique s'il n'avait pas été horripilant. Divorcer ? reprit-elle. Victor veut divorcer ? Mais, enfin, je ne comprends pas ! Ce n'est pas possible ! Il t'a toujours aimée comme un fou. Comment peut-il vouloir divorcer ?

— Ah, je t'assure qu'il le peut.

— Mais, enfin, ce n'est pas possible, répéta Daisy visiblement abasourdie. Je n'arrive pas à le croire. Qu'est-ce que tu as bien pu faire pour qu'il en arrive là ?

— Qu'est-ce que *j'ai* fait ? protesta Tara, estomaquée. Pourquoi pars-tu du principe que c'est moi qui ai fait quelque chose ?

— Eh bien, Victor est un homme tellement… enfin… Il a tout de l'homme idéal. Quand on a la chance d'avoir un mari comme lui, il faut en prendre grand soin…

— Papa aussi avait tout de l'homme idéal, la coupa Tara. Ça ne t'a pas empêchée de le quitter. Faut jamais juger trop hâtivement, ma chère petite maman, continua-t-elle, non sans une pointe d'aigreur.

Elle s'était promis de garder son calme. Mais il ne fallait pas que sa mère la poussât trop loin non plus.

— Oui, bien sûr, ce n'est pas ce que j'ai voulu dire, essaya de se rattraper Daisy. Mais enfin, je suis sous le choc. Que s'est-il donc passé ?

— Une blonde de 20 ans, voilà ce qui s'est passé. Ce n'était pas la première incartade de mon mari, si tu veux le savoir. Mais cette fille-là, apparemment, c'est une coriace. Elle l'a accroché pour de bon. Victor veut être avec elle. Il me quitte pour elle. Ça arrive, tu sais, que dans un couple, l'un des deux décide de tout plaquer pour refaire sa vie avec un nouveau partenaire. Tu dois comprendre cela sans peine, j'imagine, ajouta Tara en dardant sur sa mère un regard aiguisé.

Devant cette attaque à peine voilée, Daisy resta stoïque.

— Chaque cas est différent, ma chérie. Mais ce que je sais, justement, c'est que, quand on part, c'est parce qu'on n'est plus heureux dans son couple. Donc, si Victor te quitte, c'est peut-être parce qu'il était insatisfait.

Tara sentit la moutarde lui grimper aux narines. En bâillon à son agacement, elle prit une profonde inspiration, durant laquelle elle imagina que l'air qui entrait en elle avait la faculté de désamorcer chaque parcelle de colère bouillonnant sous son épiderme.

— Admettons. Victor était insatisfait. Et donc il est parti forniquer avec une pétasse blonde, proclama-t-elle, choisissant à dessein des termes provocants et grossiers. Voilà, tu es contente, maman ? Ça te paraît un bon résumé de la situation ?

— Je t'en prie, Tara, ne sois pas vulgaire ! Et ne monte pas sur tes grands chevaux ! Tu sais que je ne veux que ton bien. Je suis dépitée de ce qui t'arrive.

— Et moi donc ! Peut-être que Victor était insatisfait, mais moi, maman, au cas où ça t'intéresserait de savoir ce que je ressens, moi, là, je suis tétanisée, outrée, blessée…

— Allons, pas d'autoapitoiement, ma chérie. Je comprends que ce soit difficile, mais que croyais-tu ? Que la vie serait un long fleuve tranquille ? Qu'il ne pourrait jamais rien t'arriver sous le prétexte que tu passais à la télévision ?

— Mais qu'est-ce que tu racontes ? Je ne vois pas le rapport.

— Moi si. Tu as vécu dans ton cocon doré, à l'abri des tourments, persuadée d'être au-dessus de la mêlée, intouchable. Et là, tu viens de te faire rattraper par la réalité. Bienvenue dans la vraie vie, ma fille !

Tara se fit la réflexion acerbe que sa mère débloquait totalement. Ou alors c'était elle-même qui devenait complètement folle. Mais l'une d'elles, forcément, était à côté de la plaque et ne comprenait rien à rien.

— Soit, il t'arrive un coup dur, reprit Daisy. Mais tu sais, il nous en arrive à tous.

Tara se demanda *in petto* quel coup dur avait bien pu advenir à sa mère. N'avait-elle pas, elle aussi, vécu dans un cocon doré tendrement tricoté par les deux hommes successifs de sa vie ? Quand s'était-elle fait rattraper par *la réalité* ? Mais avant que la jeune femme ait eu le temps de poser ces questions, Daisy se remit à parler.

— Et ce coup dur, dit-elle, je suis sûre que tu vas savoir le surmonter. Veux-tu venir ici quelques jours pour réfléchir à tout cela ?

Du Daisy tout craché. Capable de vous balancer des phrases au vitriol l'instant d'avant, et de vous proposer l'hospitalité l'instant d'après.

— Non, ce n'est pas nécessaire. Je me suis installée chez papa.

— Mais tu ne serais pas mieux ici ? Ce serait plus drôle que chez ton vieux garçon de père.

— Non, maman, ça va, je te dis.

Tara avait prévu de parler aussi de son éviction de *MyBeauty* mais elle ne se sentit finalement pas la force de le faire. C'était prendre le risque que sa mère proférât encore Dieu sait quelle imbécillité maladroite. Or Tara avait son content de piques pour la journée. Daisy apprendrait bien la nouvelle tôt ou tard. Alors elle se tut.

Il était à peu près 11 heures lorsqu'elle quitta l'appartement du boulevard Saint-Germain. Elle avait une furieuse envie de fumer une cigarette, ce qui ne lui arrivait que dans les moments de très grande tension nerveuse. Elle choisit, à la place, d'aller boire un café dans un bistrot à proximité.

Décidément, sa mère ne changerait jamais. Incapable de trouver les bons mots pour la réconforter et la rassurer. Et même si Tara, dans le fond de son cœur, avait espéré une autre réaction de la part de Daisy, elle prit bien garde de faire comme si cet espoir chimérique n'avait jamais existé.

Elle repensa également aux suggestions d'Enoch. Il était venu les rejoindre, sa mère et elle, dans le salon.

— Ton Victor est une belle ordure, avait-il dit. Il ne mérite pas une femme comme toi. Il te rend service en te quittant. Une nouvelle vie t'attend, encore plus belle que la précédente, j'en suis sûr. Je connais de très bons avocats. Ils peuvent le laminer. Appelle-les de ma part.

Tara l'avait remercié, en notant quelques noms. Au moment où elle se préparait à partir, Daisy n'avait pu s'empêcher de lui dire :

— Tara, promets-moi que tu ne vas pas te réfugier dans la nourriture, comme le font tant de femmes divorcées. Par pitié, pas de boulimie post-rupture. Tu dois te garder belle et mince pour ton prochain mari.

Tara avait préféré ne pas répondre. Elle avait embrassé sa mère. Puis Enoch l'avait reconduite à la porte.

— Excuse-la, lui avait-il murmuré. Elle est très impulsive et n'a pas toujours les bonnes réactions avec toi.

— C'est le moins qu'on puisse dire. Mais ne t'inquiète pas, j'ai l'habitude.

Le serveur lui apporta son café. Elle le but rapidement. Saisissant son portable, qu'elle avait laissé en mode silencieux durant l'entrevue chez sa mère, elle vit qu'elle avait reçu des appels. Elle écouta sa boîte vocale. Il y avait huit messages de journalistes divers lui demandant si elle souhaitait réagir aux rumeurs de divorce entre elle et Victor. Puis trois autres messages : l'un de Chris, son assistant sur les tournages, et les deux autres de Géraldine, sa maquilleuse, et Kika, sa coiffeuse. Chacun des trois se disait désolé de son renvoi et l'assurait de son amitié. Leur marque d'affection sincère réconforta un peu Tara.

Il lui restait maintenant à appeler Victor. À la quatrième sonnerie, elle se dit qu'il filtrait peut-être les appels, ne voulait pas lui parler. Soudain, elle entendit sa voix.

— Allô ?

— Victor, c'est moi. Je t'appelle pour t'annoncer que j'ai quitté l'appartement. J'ai pris quelques affaires hier soir et je suis partie chez mon père. Je ne retournerai plus avenue Foch. Je suppose que ça t'arrange.

— Il n'y avait pas d'urgence, tu sais.

— Au contraire. Il y a urgence à ce qu'on ne se voie plus. D'ailleurs, nos prochains contacts s'effectueront, je pense, par avocats interposés. Pas d'arrangement à l'amiable.

— Très bien. Je veux que tu saches que j'agirai au mieux de nos intérêts communs. Je ne te créerai pas d'histoires. Je suis prêt à assumer ma part de responsabilité, pleinement. Et je suis d'accord pour te donner tout l'argent dont tu pourras avoir besoin. Je comprends que tu m'en veuilles. Mais sache que je n'ai jamais voulu te faire de mal. Vraiment. J'ai cru à notre histoire. Je suis désolé de ne pas avoir su mieux t'aimer et...

— Ça suffit, Victor, arrête le baratin. Garde ça pour Sherry. Je t'ai dit ce que j'avais à te dire.

Elle raccrocha.

Peut-être bien que Victor était réellement désolé. C'était même probable. Mais cela ne changeait rien à la situation. Il avait fait un jour un serment auquel il avait failli. Et il paierait pour ça. Dans tous les sens du terme.

Elle regarda la feuille sur laquelle elle avait noté les noms des avocats. Depuis hier soir, le mot « divorce » avait fait irruption dans sa vie, suite de lettres glissantes puis sifflantes qui revenait, têtue, dans ses conversations. Mais, bientôt, ce simple mot prononcé acquerrait plus de substance, il deviendrait une lourde procédure à laquelle il lui faudrait prendre part. Elle le ferait évidemment. Elle allait appeler ces avocats, se montrer offensive face à Victor. Oui, elle le ferait. Même si, pour l'instant, elle ressentait davantage une envie d'hiberner que de devenir Attila.

Machinalement, elle consulta de nouveau ses comptes Facebook et Insta. C'était de pire en pire. La veille au soir, un paparazzo planqué l'avait mitraillée tandis qu'elle quittait l'appartement de l'avenue Foch dans son taxi. Sur la photo, d'ailleurs de médiocre qualité, Tara ressemblait à une morte-vivante. Une momie. Un zombie. Et les commentaires qui accompagnaient l'image, laquelle se diffusait de manière virale, étaient humiliants. Cocue, quittée, remplacée, congédiée. Voilà les mots qui, aujourd'hui, la définissaient. Son orgueil en prit un sacré coup. Comme la veille, elle jugea préférable de ne rien poster pour éviter d'agir sous le coup de l'émotion.

Quelques autres membres de son ancienne équipe de tournage lui avaient fait parvenir de courts messages compatissants. Mais Tara n'était pas dupe. Chez eux, l'hypocrisie suintait sous la compassion. Elle savait qu'ils ne quitteraient pas le camp de Victor, ils avaient trop à perdre. Elle l'acceptait, même si sa déception était amère. Après tant d'années de collaboration, elle aurait aimé recevoir de leur part des témoignages de soutien moins timorés, plus authentiques.

Abattue, la jeune femme rentra rue du Mont-Thabor. Elle se sentait épuisée, défaite, écœurée par le battage ignoble qui était en train de se créer autour d'elle, tous ces caquetages parisiens, ces commentaires odieux, ces commisérations de façade. Regardant par la fenêtre de sa chambre, elle vit les paparazzi qui l'avaient suivie entamer leur planque en bas de l'immeuble de son père. Elle eut soudain envie de tout laisser tomber et de fuir.

Loin de cette ville, loin des cancans, loin de tout ce qui pouvait encore l'associer à Victor Volt. Loin aussi de son agression qui, par flashs terrifiants, lui revenait sans cesse en tête.

Pour se calmer, elle s'allongea sur le lit et tâcha de remplir son cerveau avec des images relaxantes de ciel immense et de grandes étendues marines. Inspirer. Expirer. Inspirer. Expirer. Inspirer. Exp…

Et soudain ses yeux s'agrandirent.

Visualiser l'océan venait de lui faire penser à Ozia. Mais oui, Ozia ! Ozia qui n'était sûrement pas au courant de tout ce qui lui arrivait. Ozia dont la présence avait toujours su si bien la consoler. La solution était là : il fallait aller voir Ozia !

Âgée d'une soixantaine d'années, Louisiane Oze, surnommée Ozia, était la marraine de Tara. Elle vivait sur l'île bretonne d'Arvana, au large de Quiberon. C'est peu d'affirmer que Tara l'adorait. Autant avec Daisy, les choses étaient toujours difficultueuses, pour ne pas dire désagréables, autant avec Louisiane, c'était l'exact contraire. Elle avait ce don de tout simplifier, de tout éclaircir, de tout apaiser. Plusieurs fois, Tara l'avait appelée dans les moments critiques. Elle était allée se ressourcer auprès d'elle, sur sa belle île d'Arvana. À chaque fois, elle en était repartie rassérénée, cicatrisée.

Tara se demanda comment elle n'y avait pas songé plus tôt. Partir voir Ozia sur Arvana lui permettrait de desserrer l'étau oppressant dans lequel elle se meurtrissait depuis la veille. Chez Ozia, elle pourrait panser ses plaies, galvaniser son courage, afin de revenir prête au combat !

Elle s'installa dans le salon, ouvrit son portable et, *via* Skype, appela sa marraine. Quelques secondes plus tard, la connexion s'établit et, bientôt, le visage de Louisiane apparut sur l'écran.

C'était bon de le voir, ce visage. Tara contempla ce mélange de douceur et de détermination qui en était la principale caractéristique. Elle admira le front haut et bombé, les yeux clairs, les pommettes légèrement saillantes, le nez droit, la bouche généreuse, et surtout ce sourire qui chassait tous les mauvais présages.

— Ma bichette ! s'exclama Louisiane. Je suis ravie de te voir ! Comment vas-tu ?

Alors Tara raconta tout. Le divorce, l'arrêt de *MyBeauty*, et même l'agression de la veille.

— Oh, je suis tellement désolée de tout cela ! lui dit sa marraine. J'imagine sans peine combien cela doit être difficile à gérer. Y a-t-il quelque chose que je puisse faire pour t'aider ?

— Justement Ozia, je crois que j'ai besoin de faire un break, de m'éloigner un peu de toute cette tourmente. C'est pour ça que je voulais te demander si… eh bien, est-ce que je peux venir séjourner quelque temps chez toi ?

Le visage de Louisiane se colora d'embarras.

— Mince, tu tombes vraiment mal, ma petite biche. Je pars après-demain en Australie. Pour trois semaines au moins. Sans portable ni ordinateur. Je me suis décidée un peu sur un coup de tête, mais, maintenant, tout est planifié. Oh mince de mince. Vraiment, ça tombe mal…

Tara sentit la déception lui griffer le ventre mais elle tâcha de ne pas la laisser paraître.

— Ne t'inquiète surtout pas, assura Tara en épinglant un large sourire sur son visage. Je te demandais ça juste au cas où. Je vais trouver une autre solution. Il n'y a aucun problème.

Elle fit bonne figure durant la fin de la conversation, souhaita bon voyage à sa marraine. Mais lorsqu'elle eut raccroché, elle renversa sa tête sur le sofa pour digérer son désappointement.

Il allait falloir trouver un autre refuge où oublier le monde. Retour à la case départ.

À cet instant, la sonnerie du Skype retentit.

— Ma bichette, je ne peux pas te laisser comme ça, déclara Louisiane sitôt la conversation lancée. Après tout, tant pis si je ne suis pas là, ma maison t'est ouverte. Et, pour tout te dire, ça m'arrangerait que tu viennes car tu pourras ainsi garder Osiris, mon chat, pendant mon absence. J'avais demandé à un voisin de passer le voir mais c'est bien mieux si c'est toi qui t'occupes de lui. Et en plus, j'ai un cadeau pour toi ! Tu le trouveras en arrivant.

Lorsqu'elle raccrocha, Tara se sentait plus légère. Elle ne verrait pas sa marraine, mais, au moins, elle serait chez elle, dans sa maison bienfaisante. Et là, elle pourrait trouver la tranquilité d'esprit qui lui était si nécessaire.

Ce n'est que le soir, au moment de se coucher, qu'elle repensa aux paroles de Louisiane et se demanda, avec une curiosité de petite fille, quel pouvait bien être le cadeau que lui réservait sa marraine.

4

C'est le silence qui se remarque le plus.

(Francis Cabrel – *Hors-saison*)

Tara débarqua sur l'île d'Arvana trois jours plus tard, en fin de matinée. L'avant-veille, elle avait occupé la journée à préparer son voyage et à acheter ses billets de train. La veille, elle avait fait le trajet Paris-Quiberon. Sur place, elle avait loué une chambre d'hôtel où elle avait passé la nuit. Et le matin venu, elle était montée à bord de la navette qui reliait, deux fois par jour, Quiberon à Arvana. Elle avait voyagé avec les cheveux attachés, des lunettes de soleil et un panama pour éviter d'être reconnue, stratagème qui avait fonctionné.

Armée d'un grand sac à main qui lui faisait office de cabas et d'une grosse valise à roulettes où étaient rangés vêtements, chaussures et cosmétiques, elle alla à pied de l'embarcadère jusqu'à la grand-place, au centre de l'île, d'où s'élevaient les deux tours et le clocher de l'église Sainte-Chantal. Elle arpenta les rues pavées du village qui conservait, intact, tout son charme médiéval. Elle aimait bien l'ambiance préservée qui régnait ici.

À l'angle de la boutique de livres anciens, elle tourna à gauche, puis à droite, puis à gauche, dans la rue de la Dame-Blanche, où habitait Louisiane. Elle était heureuse de retrouver la maison d'Ozia, cette maison grise aux volets rouges, dont fenêtres et porte étaient tout entourées de pierres blanches, ainsi qu'il est fréquent en Bretagne. Une petite clôture en bois, cramoisie également, permettait d'entrer dans le jardin qui menait au perron.

Louisiane lui avait laissé les clés de la maison derrière le gigantesque pot de fleurs qui ornait le jardinet, à l'avant de sa demeure. Heureux pays, où l'on pouvait sans crainte laisser les clés de son chez-soi à l'arrière d'un pot en terre cuite ! Tara ramassa le précieux sésame, puis entra dans le doux logis.

La maison était composée d'un rez-de-chaussée, d'un étage et d'un grenier. On entrait par la cuisine qui, ensuite, menait au salon, à la salle à manger, et au bureau de Louisiane. À l'étage, il y avait trois pièces, dont la chambre d'Ozia et une chambre d'amis ; quant à la troisième pièce, c'était un endroit très spécial où n'avaient le droit de pénétrer que les personnes autorisées. La bâtisse, traversante, donnait d'un côté sur la rue de la Dame-Blanche, et de l'autre, ouvrait ses fenêtres sur l'océan.

À peine Tara fut-elle entrée qu'elle vit Osiris, le beau chat noir aux yeux d'or, pointer le bout de son museau. Elle posa sac à main et valise, puis s'approcha de l'animal. Posté tel un sphinx égyptien sur la table en bois de la cuisine, il se laissa caresser et daigna émettre un ronronnement. Sa gamelle étant vide, Tara la lui remplit aussitôt. Une fois rassasié, le félin repartit, de son pas chaloupé et gracieux, vers le salon.

Tara déverrouilla tous les volets du rez-de-chaussée. Il lui fallait de la lumière, que l'air entrât. Elle monta ensuite sa valise dans la chambre d'amis et s'approcha de la fenêtre. D'une poussée de ses deux mains, elle ouvrit les volets, et la mer entra dans la pièce. Immédiatement, la jeune femme éprouva une sensation jumelle à celle ressentie le matin même sur le bateau, au moment où se profilait à l'horizon le rivage d'Arvana. Un vent de liberté, de délivrance soufflait en elle. Tara avait enfin quitté Paris et ses miasmes, elle venait de placer des centaines de kilomètres salvateurs entre elle et les multiples tracas qu'elle subissait. Certes, Arvana ne pouvait pas, à elle seule, faire disparaître d'un coup tout ce qui la préoccupait. Mais, cependant, sur cette terre celtique battue par les vagues et l'écume, Tara se sentait rassérénée, plus forte, protégée par l'aura de Louisiane qui, même absente, emplissait les lieux de sa présence régénérante.

Elle appuya ses coudes sur la rambarde de la fenêtre, gonfla ses poumons d'air marin. Étincelant sous un soleil pourtant timide, la mer offrait son immensité bleutée, ses contours sauvages et, en guise de berceuse, le rythme de son ressac. Ici, il n'y aurait pas de photographes l'attendant en bas de l'immeuble, personne ne s'amuserait à la suivre pendant qu'elle ferait ses courses à la supérette du coin. Ici, le silence était maître et la nature reprenait ses droits. Passer de Paris à Arvana, c'était pratiquer un saut dans l'espace et le temps.

Ses yeux sombres plongés dans la clarté du ciel, Tara se félicita d'avoir eu cette idée. Elle se sentait déjà comme purifiée, nettoyée. Elle allait pouvoir se requinquer. Pour de vrai. Et repartir d'un meilleur pied, encore plus batailleur. C'était pourtant un peu singulier de se retrouver là, seule. Tara aurait évidemment préféré la compagnie de Louisiane. Mais sa marraine étant partie la veille pour son lointain périple en Australie, elle n'avait pas pu la croiser.

Elle commença par aller faire quelques courses. Louisiane avait pris soin de lui laisser du thé, du pain, des conserves et une tarte aux pommes faite maison, mais il fallait compléter ce menu. Parvenue dans l'artère commerçante, elle s'acheta des œufs, des fruits, des légumes, des noix, des biscottes et de la confiture. Elle ne mangeait jamais de viande et tâchait d'éviter les laitages.

Les bras chargés de victuailles, elle revint chez Louisiane, rangea ses achats et se prépara alors une tasse de thé. Tandis qu'elle sirotait sa boisson, elle alluma la petite radio qui siégeait sur le buffet de la cuisine. La voix de Francis Cabrel envahit la pièce. *C'est le silence qui se remarque le plus...* susurrait-il dans sa chanson *Hors-saison*. Tara lui donnait tout à fait raison. Et elle essaya de se persuader que ce silence était reposant. Elle avait tellement vécu, ces dernières années, dans l'effervescence des équipes de tournage. Tant de monde, tant de remue-ménage. Un peu de calme et de solitude ne pouvait que lui être profitable.

Pourtant, au bout de quelques instants, la lenteur et la nostalgie de la mélodie finirent par déprimer Tara. La chanson était belle mais elle avait quelque chose de poignant qui sapait le moral. Et elle mettait trop en lumière le contraste entre l'ancien quotidien de Tara – un quotidien où elle était en permanence entourée d'une armada de gens jacassants et surbookés – et son actuelle situation. Seule dans cette grande maison, sans la voix de Louisiane pour occuper l'espace, Tara se sentait oubliée du monde, comme une lépreuse mise au rancart.

Ne voulant pas s'enliser dans de telles pensées, la jeune femme changea de station. Et tomba sur une Cyndi Lauper braillant *Girls Just Wanna Have Fun*. Au moins, c'était plus gai, plus trépidant, et cela convenait mieux à l'état d'esprit que Tara cherchait à faire sien.

Elle eut brusquement envie de monter à l'étage et d'aller dans la pièce secrète de Louisiane. Enfin, non, secrète n'était pas le bon mot. La pièce n'était pas vraiment secrète puisqu'elle n'était même pas fermée à clé. Mais spéciale, oui, elle l'était. Car elle contenait l'un des biens les plus précieux, selon ses propres dires, d'Ozia.

Laissant sa tasse dans la cuisine, Tara se dirigea vers l'escalier. Elle grimpa quelques marches puis s'arrêta pour regarder l'immense portrait de Louisiane qui ornait le mur devant elle.

C'était l'unique place où sa marraine avait installé une image d'elle, le reste de sa demeure étant décoré par des tableaux ou par des photos de paysages, prises durant ses nombreux voyages. Il représentait une Louisiane Oze d'une trentaine d'années, ou peut-être moins. Debout dans le désert, entourée de dunes orangées, Ozia portait une robe touarègue noire. Le visage dénué du moindre maquillage mais baigné de soleil, la chevelure offerte au vent, elle souriait à l'objectif. Sa main, qui cherchait à dompter quelques mèches insoumises, avait été immortalisée dans ce geste délicat. À l'intérieur du poignet nu, se révélait un tatouage : une rose des vents, que Louisiane avait incrustée dans sa peau l'année de ses 20 ans.

Tara aimait tout particulièrement ce portrait et elle comprenait que sa marraine eût voulu l'afficher chez elle. Condensant toute sa personnalité, il présentait une Louisiane conforme aux qualités que Tara admirait en elle : sereine, nomade, libre. La jeune femme n'aurait su dire qui avait pris cette photo, ni où, mais c'était de peu d'importance. Et même, cela participait du mystère entourant son atypique marraine.

Car Louisiane était, de fait, une personne pour le moins étonnante. Premier élément, assez incroyable : elle était la meilleure amie de Daisy. La baroquerie d'une telle camaraderie avait toujours intrigué Tara : comment deux femmes aussi radicalement différentes pouvaient-elles s'entendre ? La seule explication que Tara avait pu trouver était qu'elles s'étaient connues lorsqu'elles étaient enfants. Leur jeunesse commune avait constitué un socle sur lequel s'était basée la robustesse de leur lien. Et même si, pour Tara, cette amitié paraissait saugrenue, elle avait aussi fait son affaire, lui prodiguant une marraine dont le caractère était aux antipodes de celui de sa mère : autant dire un cadeau du ciel.

Et puis, tout, chez Louisiane, était remarquable, passionnant, extravagant. Écrivain et conférencière, spécialisée dans les civilisations anciennes, elle avait vécu son enfance et son adolescence à Paris avant de décider, à l'orée de la trentaine, de partir s'installer en Bretagne, sur l'île d'Arvana. Voyageuse insatiable, elle s'était dédiée, pendant de nombreuses années, à des expéditions humanitaires en bénévole auxquelles elle consacrait trois mois l'été et un mois l'hiver. Parcourant la planète, elle tâchait de venir en aide à tous ceux que le sort défavorisait, que la faim tenaillait, que la maladie assiégeait. Elle avait sillonné tous les continents, avait vu la misère en face, et bien en face. Mais jamais elle ne s'était laissé décourager par elle. Elle aimait trop les humains, les aurait voulus tous frères et solidaires.

Tout en finissant de monter les marches qui la séparaient du premier étage, Tara ne put s'empêcher de se demander ce que sa marraine était allée faire en Australie, à l'autre bout du monde. Allait-elle rejoindre une amie ? Était-elle de nouveau partie en mission humanitaire ? Devait-elle donner des conférences là-bas ? Était-elle allée puiser l'inspiration au pays des kangourous et des aborigènes pour un nouvel ouvrage d'histoire ? L'instant d'après, Tara songea qu'elle se mêlait là de ce qui ne la regardait pas. Louisiane était une femme libre dont il fallait respecter les énigmes. Sa tâche, à elle, était de veiller sur Osiris et sur la maison. Elle était désormais la gardienne de tout ce à quoi Ozia tenait le plus.

Car, en parallèle de son goût pour les cultures antiques, elle avait aussi, assez tôt dans sa vie, développé deux passions qui ne l'avaient plus quittée. L'une était pour les chats. Elle en avait eu trois successivement qui, tous, portaient des noms de pharaons ou de dieux égyptiens. Osiris était le quatrième félin adopté par mademoiselle Oze, après Ramsès, Horus et Khéops. Quant à son autre passion, elle habitait une pièce entière de sa maison arvanaise. Et c'est justement vers cette fameuse pièce que Tara, arrivée en haut de l'escalier, dirigea ses pas.

Louisiane l'appelait « la caverne aux tarots » et c'est là qu'elle amassait son impressionnante collection de jeux divinatoires. Il y en avait près de mille, rangés dans des étagères qui allaient du sol au plafond, le long des quatre murs de la chambre. Au centre de la pièce, se tenaient une table et deux chaises qui permettaient de s'installer confortablement pour effectuer des tirages. Louisiane avait une connaissance pointue de la structure et des symboliques du tarot divinatoire. Elle en avait enseigné les rudiments à Tara. Par exemple, un tarot se composait de 78 cartes, séparées en arcanes majeurs – qui représentaient les figures les plus importantes du jeu – et en arcanes mineurs. Ces arcanes mineurs se subdivisaient en quatre familles : les coupes, les bâtons, les deniers, les épées. Chacune de ces familles explorait un domaine particulier. Et ces quatre domaines étaient, respectivement : les sentiments, la force d'action, les biens matériels, et la puissance intellectuelle.

Tara savait aussi la différence qu'il y a, en termes de jeux divinatoires, entre un tarot et un oracle. Un tarot avait forcément 78 cartes et devait respecter la structure traditionnelle des cartes – aussi appelées « lames » – majeures et mineures. Tandis qu'un oracle n'avait pas de structure précise à respecter ; il ne dépendait que de la fantaisie de celui qui l'avait créé. Tara se souvenait de cette phrase, souvent répétée par Louisiane :

— Dans la famille des jeux divinatoires, on peut dire, en paraphrasant Molière, que tout ce qui n'est point tarot est oracle, et que tout ce qui n'est point oracle est tarot.

La collection d'Ozia contenait autant d'oracles que de tarots.

Tara entra dans la pièce. D'une main gracile, elle caressa les tranches, pour certaines très abîmées par les ans, des jeux de sa marraine. Cette pièce avait toujours revêtu à ses yeux quelque chose de magique. Enfant, elle pouvait y rester pendant des heures. Avec précaution, elle sortait les cartes de leur boîte, les faisait défiler entre ses doigts, en regardait attentivement les images, puis les rangeait en prenant soin de ne rien corner, de ne rien altérer. Parmi ses jeux préférés, il y avait un tarot des princesses – qui mettait en scène les plus célèbres des princesses de contes – un oracle sur la mythologie grecque – où chaque carte montrait un personnage légendaire de la Grèce antique –, et un tarot appelé *Morgan Greer Tarot* dont elle aimait le graphisme doux et coloré.

Tara avait souvent fait des tirages avec Louisiane. Mais ces tirages n'avaient pas pour but de prédire l'avenir. D'ailleurs, Ozia ne souscrivait pas à l'idée d'un pouvoir prophétique des cartes.

— Ces jeux ont surtout la faculté de nous faire réfléchir sur nous-mêmes, disait-elle. Ils sont des miroirs. Ils ne doivent pas gouverner nos vies mais ils peuvent nous aider, ici et maintenant, à trouver des chemins d'évolution, à mieux nous connaître.

Et c'était vrai. Tara avait toujours puisé beaucoup d'inspiration dans ces tirages supervisés par Ozia. Elles avaient tiré les cartes à chaque fois qu'elle était venue. Parfois, les lames l'encourageaient à la patience. D'autres fois, elles l'incitaient à agir. D'autres fois encore, elles conseillaient le dialogue, ou la remise en question.

Le ventre de Tara se mit à gargouiller. Elle avait avalé un vague sandwich, à bord de la navette Quiberon-Arvana, mais n'avait rien mangé depuis. Il était un peu trop tôt pour songer à dîner mais un goûter serait le bienvenu.

La jeune femme redescendit l'escalier, en essayant de se remémorer combien de fois elle était venue voir Louisiane ces dernières années. Pas si souvent que ça, en réalité. Le rythme de sa vie parisienne lui avait laissé peu de place pour des visites à une marraine. En quinze ans, elle n'était revenue sur Arvana qu'à deux occasions. La plus récente était advenue sept ans auparavant, et Tara n'en gardait pas un souvenir très gai. Victor venait de la tromper avec Élodie, une miss météo qui allait ouvrir le bal des nombreuses maîtresses du sieur Volt. Quant à son avant-dernière visite à Louisiane, elle datait de treize années, et celle-là, Tara préférait ne pas s'en souvenir du tout.

Elle vint s'installer dans le salon, munie d'une grappe du raisin qu'elle avait acheté un peu plus tôt. À côté d'elle, roulé en boule sur le canapé de velours violet, Osiris dormait comme un bienheureux. Tara grignota le fruit et ses yeux tombèrent sur la table basse où se trouvait une large enveloppe portant son nom. Elle la saisit.

Dans l'enveloppe, se trouvait une lettre, à son intention, ainsi qu'une autre enveloppe, plus petite et cachetée. La lettre, écrite par Louisiane, contenait diverses consignes concernant la maison et le chat. Plus bas, Ozia écrivait :

> *La petite enveloppe est à remettre à Adam. Tu la lui donneras quand tu le verras.*

Tara haussa les sourcils. Elle ne savait absolument pas qui pouvait bien être cet Adam. Peut-être un ami de Louisiane. Bah, elle aurait bien le temps de le découvrir. Enfin, la lettre se terminait par un P.-S. :

> *Tu te souviens que je t'ai parlé d'un cadeau ? Eh bien, il est là, dans la maison. Il t'attend tranquillement. Je te laisse le trouver. Et si tu n'y arrives pas toute seule, demande à Osiris de t'aider.*

Demander au chat ? La drôle d'idée ! Du Louisiane pur ! Mais pour l'heure, Tara n'était pas dans le *mood* pour se lancer dans une chasse au trésor. Puisque le cadeau attendait « tranquillement », il pouvait bien patienter encore un peu. En cet instant, la jeune femme avait surtout envie d'une douche délassante.

Une demi-heure plus tard, sa douche étant prise, Tara sortit de la salle de bains, une serviette enroulée autour d'elle, et revint dans la cuisine pour y grappiller quelques nouveaux grains de raisin.

Un homme se trouvait là. Sans nul doute entré par effraction. Le sang de la jeune femme ne fit qu'un tour. Toutes les terreurs liées à l'agression dont elle avait été la victime trois jours auparavant ressurgirent, et elle poussa un hurlement.

5

Oh qu'il est vilain !

(Brigitte Bardot – *Oh qu'il est vilain !*)

Le type proféra un cri de frayeur en même temps qu'elle, puis s'exclama :

— Oh, bon sang ! Vous m'avez fichu une de ces trouilles !

Prompte comme une tigresse, la jeune femme saisit l'un des couteaux de cuisine qui se dressaient, dans leur socle en bois, près de l'évier.

— N'approchez pas, ou je vous plante ça dans le ventre ! gronda-t-elle à l'intention de l'intrus.

— Ah non, non, vous vous trompez ! dit l'homme en levant ses deux mains dans un geste pacifique. Ne craignez rien, je ne suis pas un cambrioleur ! Regardez, j'ai un double des clés, ajouta-t-il en ouvrant ses doigts et en présentant un jeu.

Toujours menaçante, les sourcils froncés, Tara jeta un bref coup d'œil à la porte, constata qu'elle ne présentait en effet aucune marque suspecte. Elle n'en garda pas moins son coutelas brandi.

— Mais qu'est-ce que c'est que cette histoire ? rugit-elle. Vous êtes qui, d'abord ? Et qu'est-ce que vous fichez là ?

— Je m'appelle Adam Marchal, je suis le voisin de mademoiselle Oze.

— Son voisin ?

— Oui, oui, je vous jure, son voisin. J'habite la maison blanche, au bout de la rue, continua-t-il en baissant lentement les mains. Elle m'a confié ses clés pour que je vienne nourrir son chat pendant qu'elle serait en voyage.

— Ça m'étonnerait, vu que je suis venue, moi, spécialement pour m'occuper d'Osiris ! rétorqua Tara, agressive.

— Pourtant, je vous assure que c'est vrai ! Il y a quinze jours, Louisiane est passée me voir pour m'annoncer qu'elle partait pour l'Australie. Elle ne savait pas quand elle rentrerait, alors elle m'a demandé de veiller sur son petit fauve.

Son couteau toujours en main, Tara baissa néanmoins le poing.

— Ça n'a pas de sens, votre histoire, riposta-t-elle. J'ai eu Louisiane au téléphone il y a trois jours, et nous sommes convenues ensemble que je viendrais chez elle et m'occuperais du chat. Je ne vois pas pourquoi elle nous aurait demandé à tous deux la même chose.

— Elle a dû tout simplement oublier de m'avertir de votre venue. On peut dire que vous m'avez donné un sacré coup de sang, ajouta-t-il en esquissant un sourire amical. Quant à moi, je suis désolé de vous avoir effrayée.

Tara eut une moue dubitative. Elle reposa cependant son arme, mais sans quitter le bonhomme des yeux.

— Excusez la question, dit-il alors, mais puis-je vous demander, de votre côté, qui vous êtes ?

— Je suis la filleule de Louisiane, répondit Tara d'un ton maussade. Elle m'a prêté sa maison.

— D'accord, je comprends mieux. Et je suis vraiment désolé de vous avoir flanqué une telle frousse.

— Vous l'avez déjà dit, lança-t-elle.

Un silence pesant s'installa, durant lequel Tara scruta son interlocuteur. Celui qui se tenait en face d'elle devait avoir 45 ans, et présentait un visage qui lui sembla on ne peut plus quelconque. Il portait un gilet long ainsi qu'une paire d'espadrilles. Tara se fit la réflexion que c'était le type même du provincial rustique, assurément vieux garçon, sans aucun charisme ni aucun goût. Elle le surprit alors en train de poser un regard furtif sur ses jambes, que la serviette de bain qu'elle tenait toujours enroulée autour de sa taille laissait paraître. Cela finit de l'irriter.

— Bon, maintenant que vous avez fait votre petit numéro d'Halloween, lâcha-t-elle, je ne vous retiens pas.

Le dénommé Adam recula vers la porte.

— Oui, bien sûr, déclara-t-il. Pardon. Je vous laisse.

Au moment de sortir, il se retourna et demanda encore :

— Donc, ce n'est pas la peine que je vienne pour le chat. Vous vous en occupez ?

— À votre avis ? répondit-elle d'une voix rugueuse.

Le gars hocha la tête en signe d'assentiment, et il posa le double des clés sur la table de la cuisine. Puis il ouvrit la porte. Tara, soudain, se souvint de la lettre laissée par Louisiane.

— Attendez, dit-elle.

Souple et véloce, elle alla dans le salon, saisit le pli adressé au voisin et revint dans la cuisine.

— Louisiane m'a demandé de vous transmettre ceci.

Elle tendit la missive.

— Merci, répondit-il en saisissant l'enveloppe. C'est sans doute pour ça qu'elle ne m'a pas appelé : elle doit tout expliquer dans sa lettre, votre nouvelle organisation et…

— Sans doute, le coupa Tara.

— Bon. Eh bien, au revoir. J'espère que votre séjour se déroulera au mieux.

— Oui, c'est ça, au revoir.

Il sortit de la maison. Tara, derrière lui, referma la porte, qu'elle verrouilla frénétiquement.

— Mais quelle chiffe, ce type ! commenta-t-elle à Osiris, que ce charivari avait attiré dans la cuisine. Quand je pense que je l'ai pris pour Al Capone ! Al Capone, tu parles ! ironisa-t-elle. Il a plutôt l'air d'une grande godiche !

Elle retourna dans la salle de bains, enduisit longuement son corps de crème hydratante, ce qui détendit un peu ses nerfs hérissés par la rencontre importune. Elle monta ensuite dans la chambre, sortit sa tenue de nuit de la valise, et s'aspergea de *Tara Bayan*. Avant de redescendre, elle s'appliqua sur le visage son sérum anti-âge fétiche, produit dont elle avait moult fois vanté les mérites dans *MyBeauty*. Ainsi parée pour commencer la soirée, elle se prépara à dîner. Au menu : omelette au thym, salade de tomates et tarte aux pommes. Osiris supervisa l'élaboration du repas en faisant sa toilette.

Pendant qu'elle cuisinait, Tara repensa à l'incident. Assurément, elle n'avait pas été très sympa avec Adam Machin. Mais c'était de sa faute à lui, après tout. C'est *lui* qui lui avait fait peur. Elle, elle n'avait rien demandé. D'accord, c'était le voisin de Louisiane, et, apparemment, ils s'entendaient bien. Mais il n'avait pas à débarquer comme cela, sans crier gare. Et Tara ne comprenait vraiment pas ce qu'une femme brillante comme Ozia pouvait apprécier chez un individu aussi insipide. Quant à elle, elle n'était pas venue là pour se soucier de la sensibilité froissée d'un dadais arvanais. Là-dessus, elle plaça l'incident dans une trappe au fond de sa conscience, pour être sûre de ne plus y songer.

Son plateau garni entre les mains, elle s'installa dans le salon, Osiris la suivant de près. Elle s'assit en tailleur sur le canapé où le chat la rejoignit. D'un coup de télécommande, elle alluma la télévision, tenta de s'intéresser au film de science-fiction sur lequel elle était tombée mais, bien vite, l'intrigue l'ennuya ferme. Et elle ne put résister à l'envie d'aller de nouveau faire un tour sur les réseaux sociaux, même si, au fond d'elle, elle avait conscience que ce n'était pas la meilleure des idées. Elle prit son smartphone, ouvrit Facebook et, directement, se rendit sur la page d'une chaîne qu'elle connaissait bien, dont elle avait occupé la tranche 10-11 heures, en matinée, pendant tant d'années avec son émission *MyBeauty*.

Elle contempla amèrement le logo qui servait de photo de profil, ce logo aux initiales et numéro de la chaîne, au service duquel elle avait travaillé des années durant. Ce logo allait continuer de vivre, mais il ne servirait plus d'enseigne à Tara Volt. Elle n'était plus désormais que Tara Bouviers, divorcée, révoquée.

Elle se sermonna intérieurement. Pourquoi faisait-elle ça ? Pourquoi s'infligeait-elle de consulter la page d'une chaîne où il n'y avait clairement plus de place pour elle ? Ça ne rimait à rien. Son doigt, pourtant, fit défiler les récentes publications.

Et, là, vint l'estocade. Une bande-annonce promotionnelle avait été postée le jour même, présentant, avec force musique tapageuse et voix off survoltée, la nouvelle animatrice qui, dès la rentrée, reprendrait *MyBeauty* : « Accueillez la ravissante et blonde Sherry ! » Un pieu effilé s'enfonça dans le cœur de Tara. Mais elle l'avait bien cherché ! En face, rayonnante dans l'écran miniature, tout en dents blanches et en mèches dorées, sa rivale se trémoussait d'aise. Son allégresse de favorite qui, bientôt, serait reine, était palpable.

Tara repoussa son plateau, incapable de manger une bouchée de plus. Mais qu'avait-elle donc de si envoûtant, cette fille ? Comment était-elle parvenue à fasciner Victor à ce point ? OK, elle était jolie et avait un corps de rêve. Mais les autres avant elle aussi. Et jusqu'alors, les nombreuses maîtresses de son époux n'avaient été pour lui que des distractions éphémères, qui ne l'avaient jamais empêché de retrouver le chemin du foyer marital. Alors pourquoi avait-il fallu que Sherry fût l'exception sonnant le glas de leur union ? Pourquoi *celle-là* avait-elle réussi à lui mettre le grappin dessus ?

Tara posa son téléphone. Elle avait sa dose d'humiliation et d'autoapitoiement. Elle aurait pu se laisser aller à pleurer, à tempêter, à maudire les maris volages et les blondes arrivistes. Mais cela n'aurait été d'aucune utilité. Les choses étaient ce qu'elles étaient. Il fallait se débrouiller avec ça. Faire front. Porter beau. Ne pas montrer qu'elle était entamée par la situation.

Les yeux résolument secs, elle éteignit la télé et reprit son portable. Pour sa première prise de parole officielle depuis les *événements*, elle décida de commencer par Instagram et choisit une photo qu'elle avait prise le matin, à bord de la navette, qui montrait le bastingage et l'océan. Elle retira toute précision quant au lieu d'où l'image avait été réalisée. Elle l'accompagna de ce commentaire :

> La vie n'est pas un long fleuve tranquille. Alors vacances, mise au vert et besoin de me ressourcer. Mais comptez sur moi pour revenir en forme, pleine de projets et de surprises. #break #vivelamer #illbeback.

Elle relut son texte. Ses mots lui semblèrent convenables. Elle posta la photo, puis répéta la même opération sur ses autres comptes. Pour être sûre de résister à la tentation de les regarder sans cesse, elle supprima toutes les applications de réseaux sociaux de son portable.

Sur sa boîte mail, elle trouva de nouveaux messages de magazines people lui réclamant des interviews exclusives. À tous, elle envoya une brève réponse, courtoise mais négative. Elle rédigea ensuite une réponse automatique indiquant qu'elle était en congé pour un mois. Sachant qu'elle aurait désormais la paix, elle se sentit plus calme, plus zen.

Son regard tomba alors sur la lettre que Louisiane lui avait écrite. Cela lui remit en mémoire le fameux cadeau qui l'attendait quelque part dans la maison. Parfait, cela allait lui changer les idées. Elle se leva du canapé, ce qui réveilla Osiris. Elle parcourut le salon du regard, guettant la vue d'un objet insolite ou d'un paquet emballé. Elle ne vit rien d'inhabituel. Le chat sur les talons, elle alla dans la cuisine, où elle ne trouva rien non plus.

Une à une, elle parcourut les pièces, attentive à débusquer le mystérieux présent. La quête n'était pas simple puisqu'elle ne savait même pas ce qu'elle cherchait. Osiris, toujours très calme, la suivit partout. Ayant fait, en vain, le tour du rez-de-chaussée, elle monta à l'étage. Elle inspecta le couloir et les chambres, sans rien apercevoir qui ressemblât à un cadeau laissé pour elle.

Elle arriva devant la caverne aux tarots. Elle poussa la porte et entra dans la pièce. Le chat s'y engouffra derrière elle et grimpa sur la table qui servait à effectuer les tirages. Posé sur son séant, les pattes avant dressées telles deux colonnes de temple, il épia Tara tandis qu'elle poursuivait sa fouille patiente. Fouille qui, pourtant, s'avéra sans effet. Les tarots étaient rangés exactement comme de coutume, rien ne dépassait, aucun colis, aucun emballage, aucun ruban rouge. Elle se tourna vers Osiris. Gentiment narquoise, elle s'adressa à lui :

— Eh dis donc, toi, il paraît que tu sais où est camouflé mon trésor. Tu ne voudrais pas m'aider un peu dans mes recherches au lieu de me scruter comme un adjudant ?

Le félin la regarda droit dans les yeux. Deux paires de prunelles s'observant. Or contre ébène. Puis, à la grande surprise de Tara, Osiris bougea lentement la patte, dans un auguste mouvement, et sembla indiquer le tiroir de la table sur laquelle il était juché. Quoiqu'un peu sceptique mais cependant intriguée, la jeune femme s'approcha du meuble. Elle s'assit sur la chaise et ouvrit le tiroir. Sa raison était persuadée de le trouver vide – avait-on jamais vu un chat comprendre où se dissimule quelque chose ? – mais son instinct lui souffla que le cadeau serait là.

Il y était, bel et bien.

— Bravo, le chat ! s'exclama Tara à l'intention du félin. Je suis très impressionnée !

Elle reporta alors ses yeux et son attention sur l'intérieur du tiroir. Ni papier ni ruban n'enrobaient le présent. Un Post-it posé dessus, portant la mention *Pour Tara*, confirmait néanmoins qu'il s'agissait de l'offrande évoquée dans la lettre. Tara ôta le petit rectangle de papier jaune. Puis elle prit l'objet en main pour mieux le voir.

C'était une boîte en bois, rectangulaire, que le passage des ans avait patinée jusqu'à en émousser les angles et la rendre douce comme du satin. Portant deux charnières de métal à l'arrière, elle s'ouvrait, non pas à la façon d'un livre, mais plutôt à la manière d'un pupitre d'école. Sur le couvercle, dans toute la largeur, était gravé en relief ce seul mot : ODISSEA. Plus curieuse que jamais, le cœur battant tel celui d'un enfant le matin de Noël, Tara ouvrit la boîte, avide de découvrir ce que celle-ci recelait dans ses contours de bois.

6

It's so easy when you know the rules[1].

(Queen – *Play the Game*)

La première chose que vit la jeune femme fut un papier quadrillé plié en quatre. Elle le déplia, y reconnut de nouveau l'écriture de Louisiane :

Tara, ma bichette,

J'espère que ma demeure et mon chat ont su te faire bon accueil. Et j'espère aussi, de tout mon cœur, que le temps que tu vas passer chez moi saura t'aider à panser tes plaies et à entrevoir l'avenir sous un nouveau jour, plus clément. En guise de cadeau de bienvenue, j'ai décidé de te faire don de ce coffret, qui a pour nom « Odissea ». Il s'agit d'un jeu divinatoire. Mais c'est un jeu unique en son genre, tout à fait différent de tous les autres jeux que je peux posséder dans ma caverne aux tarots ou de ceux dont nous avons pu nous servir les fois où tu me rendais visite. De ce que j'en crois, il est magique. Véritablement. Je ne saurais te dire qui l'a inventé, ni où, ni quand. Mais, en vérité, cela a bien peu d'importance. Je sais juste qu'il est apparu dans ma vie au moment où j'en avais le plus besoin.

J'avais 27 ans. J'étais en voyage à Turin. Je traversais alors une difficile période de doute et de remise en question.

1. C'est tellement plus facile quand tu connais les règles.

Riccardo, l'ami chez qui je séjournais, qui connaissait ma passion des jeux divinatoires, me l'a offert. « Il m'a été bien utile mais, maintenant, je n'en ai plus besoin, m'a-t-il affirmé, il te servira mieux à toi. »
Cet oracle m'a effectivement servi. Par deux fois, au cours de ma vie, je l'ai utilisé. La dernière fois était d'ailleurs tout récemment. Il m'a apporté ce qu'il devait m'apporter. Maintenant, c'est à toi qu'il peut rendre service. Je t'en fais donc cadeau. Il te faudra, pour en tirer les meilleurs bénéfices, suivre scrupuleusement le mode d'emploi.
Bon vent, ma bichette, et bonne odyssée.
Je pense à toi, même à l'autre bout de la Terre.

Louisiane

Au fur et à mesure qu'elle lisait ces mots, Tara sentit croître sa curiosité. Un jeu magique ? Vraiment magique ? Cela pouvait-il être possible ? Impatiente, elle posa la lettre manuscrite sur la table et continua à inspecter le coffret.

L'intérieur de la boîte était divisé en deux compartiments. Celui de droite contenait un paquet de cartes, assez épais, que Tara prit en main. Tout comme l'enveloppe de bois qui les contenait, les cartes étaient patinées, maquillées d'une délicate usure qui inspirait l'envie de les manipuler avec précaution. Le dos de ces cartes représentait un voilier avançant fièrement sur une mer d'un bleu éclatant. En les retournant, Tara eut la surprise de constater que les faces des lames étaient blanches. Absolument blanches. Dépourvues du moindre dessin, du moindre signe, de la moindre inscription. Des cartes aux faces vides : voilà qui n'était pas commun !

— T'as vu ça, le chat ? lança-t-elle à l'intention d'Osiris.

Mais celui-ci, impassible, ayant recroquevillé ses pattes sous son ventre, entamait un tranquille assoupissement dans un coin de la table. Intriguée plus que jamais, Tara reposa les cartes et poursuivit son exploration.

Entre les deux compartiments, dans un petit espace prévu à cet effet, se tenaient sagement deux dés.

Enfin, le compartiment de gauche présentait un livret, au papier légèrement jauni, portant la mention *Notice*, inscrite en plusieurs langues. Tara le saisit et chercha l'endroit où les instructions étaient rédigées en français.

Mode d'emploi de l'oracle Odissea *:*

- *Ce jeu n'est semblable à aucun autre. Il ne se doit placer qu'entre les mains de celle ou celui qui a une âme pure et un cœur vaillant.*
- *Le but de cet oracle est d'aider celle ou celui qui l'utilise à trouver (ou retrouver) le bonheur.*
- *Il importe d'effectuer les tirages seul(e).*
- *Une partie commencée doit obligatoirement être terminée si l'on veut mesurer le pouvoir du jeu et bénéficier de ses enseignements.*
- *Il n'est pas besoin de poser de question spécifique ou d'interroger les cartes sur un point précis. Elles sauront d'elles-mêmes vous transmettre ce qu'elles doivent vous transmettre.*
- *Avant d'amorcer une partie, il faut au préalable lancer les dés pour déterminer le nombre de cartes qui devront être tirées. Et il faut s'en tenir à ce nombre dicté par les dés. Aucune carte supplémentaire ne doit être tirée pour la partie en cours.*
- *Une fois déterminé le nombre de cartes qui seront utilisées durant la partie, on peut alors tirer la première carte. Pour ce faire, il suffit de mélanger les lames, de les étaler sur une table, faces cachées, puis d'en choisir une, celle vers laquelle porte l'intuition.*
- *Il faut alors la retourner. Tant que les cartes ne sont pas utilisées, leur face est blanche. Mais, une fois piochées, les lames délivrent*

leur message. Révélant leurs dessins – et desseins ! – secrets, elles présentent une action qu'il convient de mener, de préférence rapidement – par exemple dans la journée ou dans la semaine qui suit.

Les yeux de Tara s'arrondirent. Que cette notice était donc insolite ! Et ce qu'elle exposait semblait à peine croyable. Comment les dessins des cartes pouvaient-ils apparaître comme par enchantement ? Tara était vraiment curieuse de voir ça. Elle se remit à lire.

- *Si l'action n'est pas réalisée, la partie s'annule. Et la personne qui avait commencé la partie ne peut plus jamais se servir du jeu. Quand bien même elle tirerait de nouveau des cartes, celles-ci resteraient irrémédiablement blanches.*

En lisant ces mots, Tara se demanda comment il était possible qu'un jeu pût savoir si, oui ou non, l'action à laquelle il invitait était réalisée. Ses lèvres formèrent une moue perplexe. Tout cela était de plus en plus déconcertant. Elle reprit sa lecture.

- *Dans ce jeu, rien n'est dû au hasard. Lorsque l'on pioche une carte et que son dessin secret apparaît, il est impératif de rester attentif(ve) à ce que les images évoquent pour soi. Associations d'idées et/ou réminiscences ne sont surtout pas à écarter et doivent au contraire aider à nourrir la réflexion.*

- *Lorsque l'action a été proprement menée, une croix bleue apparaît au bas de la carte. On peut alors tirer la carte suivante et continuer la partie jusqu'à son terme.*

- *Toutes les actions prescrites par les lames ont pour seul objectif d'aider celle ou celui qui utilise les cartes à faire de sa vie une route lumineuse et joyeuse. Mais ces actions peuvent néanmoins s'avérer ardues. Il est donc recommandé de ne commencer une partie que si l'on a en soi la motivation et le courage nécessaires.*

Tara n'avait jamais lu d'instructions aussi précises et exigeantes. Il valait effectivement mieux être sûr de soi lorsque l'on démarrait une partie d'un tel jeu. Elle finit de lire le mode d'emploi.

- *À la fin de la partie, le jeu vous aura appris ce dont vous aviez besoin. Il vous dira alors s'il souhaite rester en votre possession ou s'il souhaite passer en d'autres mains.* Odissea *est un jeu qui se transmet. Mais c'est lui qui décide. Le jour où le jeu estimera qu'il vous a enseigné tout ce qu'il devait vous enseigner et que vous pouvez vous débrouiller sans lui, il vous indiquera que vous pouvez l'offrir à la personne de votre choix, afin qu'à son tour, cette personne, si elle le veut, puisse profiter des initiations dispensées par les cartes. Comment savoir que le temps est venu de vous séparer du jeu ? Lors du dernier tirage, lorsque la dernière croix bleue sera apparue, reprenez toutes les cartes tirées, placez-les les unes à côté des autres en veillant à ce que leurs bords se touchent. Soit elles redeviendront toutes blanches, ce qui voudra dire que le jeu souhaite rester avec vous afin de vous offrir des tirages ultérieurs. Soit elles redeviendront toutes blanches à l'exception d'une, qui laissera apparaître un dessin représentant le coffret* Odissea. *Cela voudra dire que le jeu en a fini avec vous, et qu'il attend de passer en d'autres mains. Il vous faudra dès lors lui dire adieu.*
- *Maintenant, à vous de jouer…*

Tara resta un moment les yeux dans le vague, silencieuse et immobile, près du coffret en bois et du chat endormi. Elle ressentait des impressions mêlées. D'un côté, une vive tentation lui parcourait les veines. Sa curiosité brûlait d'envie de se servir de ce jeu et de voir jusqu'à quel point il était vraiment magique. D'un autre côté, elle avait peur, et n'était pas sûre d'être dans les meilleures dispositions pour se lancer dans la fameuse odyssée qu'il semblait promettre. Ce jeu-là, contrairement à ceux qu'elle avait souvent utilisés avec Ozia, paraissait plus mystique, plus occulte. Et plus contraignant. Elle aurait voulu pouvoir en discuter avec Louisiane avant de se lancer. Or sa marraine était de l'autre côté de l'hémisphère, et elle ne pouvait pas la joindre puisque celle-ci avait débranché son téléphone durant son périple. Pour l'heure donc, elle ne se sentait pas d'attaque pour utiliser cet oracle toute seule.

Elle referma le coffret. Le mouvement réveilla Osiris, qui s'étira. D'un bond, il sauta au sol et suivit Tara tandis qu'elle quittait la pièce. Le jeu toujours entre les mains, la jeune femme entra dans la chambre, et posa son étonnant cadeau sur la table de chevet.

— Pour l'instant, je te place là, dit-elle en s'adressant à la boîte de bois. Et on verra demain.

Elle redescendit au rez-de-chaussée. Après avoir remis une dose de croquettes dans la gamelle du chat, elle vérifia que la porte d'entrée était bien verrouillée, puis elle ferma tous les volets. Quand elle se mit au lit, Osiris ne fut pas long à venir la rejoindre. Roulé en boule contre sa hanche, il se prépara à débuter sa nuit.

Autour d'eux, comme les protégeant, le silence était palpable. Et Tara prit le temps de l'écouter, ce silence, d'en savourer chaque nuance. Elle songea que, dans sa vie d'avant, à cette même heure, elle se serait certainement trouvée sur les plateaux de *MyBeauty*, en train de finir un enregistrement ou d'en préparer un. Puis elle serait allée dîner dans un restaurant chic avec Victor et l'une ou l'autre de leurs relations *hypes*. Après le repas, une fois rentrés à l'appartement, allongés dans la chambre, ils auraient tous deux parlé longuement de l'émission, en passant moult appels à leurs collaborateurs aussi noctambules qu'eux, et en regardant la télé multiécrans que Victor avait fait installer pour ne jamais rien perdre de ce que proposaient les chaînes du monde entier. Ils se seraient endormis très tard, sans même éteindre les écrans et, le plus souvent, sans faire l'amour.

Noyée dans cette vie de Parisienne hyperactive, qui s'écoulait dans les studios, les bars tendance et les bureaux de production luxueux, Tara avait perdu l'habitude de l'isolement et de l'absence de bruit. Et, comme elle l'avait déjà remarqué le matin en arrivant sur Arvana, le calme éternel qu'elle retrouvait ici, surtout maintenant qu'il faisait nuit, semblait vraiment placer le temps en suspens : il grignotait tout ce qui avait été son existence ces dernières années, ce qui était à la fois un soulagement et une source d'angoisse.

Parce qu'elle venait d'évoquer son souvenir, Tara ne put s'empêcher de se demander où était Victor, ce qu'il faisait. Il devait être avec Sherry. Peut-être même qu'il l'avait installée avenue Foch et qu'ils étaient présentement en train de prendre du bon temps dans l'ancien lit conjugal. L'horrible vision ! Elle ne pouvait pas le laisser s'en tirer comme ça. Elle avait tellement envie de se venger de l'injustice qu'elle ressentait. Elle se plut à imaginer qu'elle était contactée par la chaîne rivale de *MyBeauty*, qui lui proposait un pont d'or pour créer sa propre émission. Quelle déculottée ce serait pour Victor : l'ancienne cocue revenant sur le devant de la scène en amazone triomphale !

Rassasiée par ses fantasmes, la jeune femme tendit la main et vint caresser le chat dont le pelage sombre formait comme une obsidienne sur le couvre-lit jaune d'or. Un ronronnement s'éleva. Ce son apaisant contrait le mutisme des lieux. Juste avant qu'elle n'appuie sur le bouton de la lampe, le regard de Tara se posa sur le jeu *Odissea*, placé sur la table de chevet. Voyons, la nuit portait conseil. Elle déciderait le lendemain si elle se lançait ou pas. Elle poussa l'interrupteur. Le noir envahit la chambre. Tara, tel un animal désireux de démarrer l'hibernation, s'enfonça dans le lit.

— Bonne nuit, le chat, s'entendit-elle prononcer.

Un intense ronron lui répondit, qui fut la musique sur laquelle elle s'endormit.

La lumière du jour filtrait à travers les interstices des volets. Tara ouvrit les yeux. Pendant une brève seconde, elle se demanda où elle était. Puis tout lui revint. Arvana ! Sa fuite ! Son refuge chez Louisiane ! Pendant quelques instants, elle se sentit déstabilisée. Elle était loin de Paris. Loin de sa vie de tous les jours. Loin de la vie tout court. Cette idée l'accabla. Pourtant, c'était bien cela qu'elle était venue chercher. C'était bien de cela dont elle avait besoin. Repoussant la morosité qui voulait l'assiéger, la jeune femme s'étira, puis, d'un bond, se propulsa hors du lit, impatiente d'ouvrir la fenêtre.

La mer, de ses vagues dansantes, sembla lui faire de multiples révérences, en lui offrant son air empli d'iode. Le soleil parait le ciel et l'eau d'éclats d'argent. La vue d'un si beau paysage lui suggéra aussitôt ce que serait son programme du jour : plage et détente ! L'idéal pour installer son moral au beau fixe.

En pyjama et pantoufles, elle descendit à la cuisine où l'attendait un Osiris fièrement campé près de sa gamelle vide. Elle servit le matou, puis se prépara un café, qu'elle sortit déguster dehors, assise sur les marches du perron. Il faisait un temps fort doux, et Tara renversa sa tête en arrière pour mieux profiter de la lumière du ciel. Ce faisant, elle aperçut alors, sortant d'une maison située quelques mètres plus loin dans la rue, Adam, le voisin. Par réflexe, elle baissa aussitôt le front et y porta la main, comme l'on fait lorsqu'on veut cacher son visage à la vue de quelqu'un. Laissant échapper à voix basse un juron contrarié, elle espéra qu'il ne l'avait pas remarquée et ne serait pas pris de l'envie de venir la saluer. Ne souhaitant aucunement lui parler, elle pria pour qu'il s'en allât de l'autre côté, sans passer devant sa porte. Elle attendit quelques instants, ne sachant trop s'il valait mieux qu'elle restât là, sans bouger, ou s'il était plus prudent qu'elle s'enfuît à l'intérieur de la maison. Finalement, elle demeura immobile, désirant de toutes ses forces que le bonhomme ait disparu lorsqu'elle relèverait la tête.

Ce fut le cas. Quand elle osa regarder de nouveau, il n'y avait plus de trace d'Adam dans la rue.

Quelle déveine qu'il habitât si près ! Elle allait se cogner dedans à chaque fois qu'elle sortirait. Instantanément, elle décida qu'elle n'avait pas à s'en soucier. Elle n'aurait qu'à l'éviter. Et si elle venait à le croiser, ils s'ignoreraient poliment. Et basta. Jugeant qu'elle avait perdu assez de temps à penser à ce corniaud, elle finit d'avaler son café et remonta à l'étage pour se préparer.

Elle enfila l'un des maillots de bain qu'elle avait apportés, puis endossa une tenue décontractée, pantalon de lin et chemise en coton blanc, avant de commencer à se maquiller. Même si elle avait conscience qu'il était inutile, voire ridicule, de s'enduire de make-up pour aller à la plage, c'était plus fort qu'elle. Le rite du maquillage était un incontournable de son quotidien. Elle avait tellement l'habitude de ne sortir que pomponnée, qu'elle aurait vraiment eu l'impression d'être nue, laide et vulnérable sans son paravent cosmétique.

Installée devant le miroir, elle appliqua la crème de jour, le fond de teint, le blush, l'eye-liner, le fard à paupières, le mascara et le rouge à lèvres, tous waterproof. À la fin, elle se recula légèrement pour admirer son œuvre.

Dans la glace, elle aperçut les trois chaînes qu'elle portait autour du cou. Elle y posa les doigts machinalement. La première, en or jaune, lui avait été offerte par son père pour ses 10 ans. La deuxième, en or blanc, lui avait été donnée par sa mère pour son quinzième anniversaire. Et la troisième, en or rose, c'était Victor qui lui en avait fait cadeau au moment de leur rencontre. Ces chaînes emmêlées, Tara ne s'en séparait jamais. C'était puéril, sans doute, d'y tenir autant : somme toute, ces bijoux symbolisaient des relations qui n'étaient plus toutes triomphantes – le bel euphémisme ! Mais Tara y tenait pourtant. Ces fins colliers racontaient sa vie.

Elle se parfuma, chaussa ses sandales, et s'apprêta à partir. Dans un sac de plage en plastique bleu, trouvé dans le placard de sa chambre, elle plaça son bouquin, deux ou trois fruits, son rouge à lèvres, un maillot de rechange et une serviette de bain.

Une demi-heure plus tard, elle était étendue sur le sable. Adossée contre son sac, elle profitait de la douceur du vent, du bleu de la voûte céleste, qui formait un toit infini au-dessus d'elle, et elle se délectait des aventures de Kay Scarpetta, la médecin légiste volontaire et psychorigide inventée par Patricia Cornwell.

À un moment, ses pensées vagabondèrent jusqu'au jeu *Odissea*. Elle questionna son intuition. Celle-ci se montrait aussi réticente que la veille. Tara ne se sentait pas prête. De toute façon, il n'y avait pas d'urgence. C'était son cadeau, et elle avait le droit de s'en servir quand bon lui semblerait. Demain peut-être. Ou après-demain. Ou plus tard encore.

Satisfaite de cette décision, Tara ferma les yeux. Son livre posé sur la poitrine, les mains croisées sur le ventre, elle se laissa aller à ce moment de plénitude inactive. Une voix enthousiaste retentit alors à ses oreilles.

— Vous êtes bien Tara, n'est-ce pas ?

7

Souvenirs, souvenirs, je vous retrouve dans mon cœur.

(Johnny Hallyday – *Souvenirs, souvenirs*)

Cachés derrière ses lunettes noires, les sourcils de Tara se froncèrent tandis qu'elle poussait un soupir silencieux. Mais dans quel recoin du monde devait-elle aller se terrer pour ne plus être reconnue ?

Elle ouvrit les yeux et vit, à côté d'elle, une petite blonde, du genre potelée, vêtue d'un uniforme bleu sombre et d'une casquette. Elle était assise sur le sable et son visage n'était que sourire et gaieté.

— Ah oui, pour sûr, c'est bien vous ! continua la blonde, pleine d'allant. C'est Louisiane qui m'a montré votre photo. Alors, vous pensez, je ne pouvais pas me tromper !

— Je suis effectivement la filleule de Louisiane, admit Tara en se redressant.

— Ben moi, c'est Mindy ! dit la blonde, de plus en plus joviale. Je suis la factrice de l'île. C'est pour ça que vous me voyez en uniforme, ajouta-t-elle avec un clin d'œil. Madame Oze m'avait prévenue de votre arrivée. Moi, je lui avais proposé de garder son courrier tout le temps qu'elle serait en Australie, mais elle m'a dit que ce n'était pas la peine vu que vous seriez là.

Tara hocha la tête, en tâchant de dompter son impatience.

— En effet, je suis là, confirma-t-elle, et je récupérerai son courrier, ne vous en faites pas.

— Moi, votre marraine, je trouve que c'est une drôle de chouette personne ! Elle m'épate ! Elle connaît tellement de choses. Et c'est fou le nombre de pays où elle a voyagé ! Vous devez être sacrément fière d'elle.

— Oui, c'est une femme exceptionnelle.

— Vous êtes venue chez elle en vacances ?

— Si on veut. Disons que je fais un break.

— Ah oui, je comprends, rien ne vaut un bon break ! affirma Mindy. Surtout dans un endroit comme Arvana ! Ça vous change de Paris et de sa pollution !

— Ça, c'est vrai, reconnut Tara, en esquissant malgré elle un sourire d'acquiescement.

— Et vous êtes venue seule ? Pas de chéri dans les parages ?

— Non, je suis seule. Ça fait justement partie du break, concéda Tara.

— Pigé ! dit Mindy en faisant un nouveau clin d'œil appuyé à Tara. Ben, en tout cas, poursuivit-elle, je suis drôlement contente de faire votre connaissance. Si vous avez besoin de quoi que ce soit durant votre séjour, même juste de papoter entre filles – ça fait toujours du bien ! – surtout n'hésitez pas !

— Merci, c'est gentil.

— Sur ce, moi, je filoche. J'étais juste venue vous saluer mais j'ai ma tournée à terminer. À bientôt, lança-t-elle en se levant et en essuyant le sable de son postérieur replet.

— À bientôt, répondit Tara avec un léger salut de la tête.

Elle regarda la petite blonde s'éloigner. Allons, c'était une brave fille, pas méchante pour un sou, qui avait fait l'effort de se montrer accueillante et chaleureuse. Tara avait eu raison d'être cordiale en retour. Soulagée pourtant de retrouver sa solitude, la Parisienne reprit son Cornwell et se remit à lire les aventures de sa légiste préférée.

Il était aux alentours de 16 heures lorsqu'elle quitta la plage. Elle s'était baignée deux fois. À présent repue de sable, de soleil et de sel marin, elle replia sa serviette de bain, et ramassa ses affaires.

Une fois rentrée, elle alla se doucher, puis, selon son habitude, se tartina le corps de crème hydratante. Elle enfila ensuite une robe légère et, citronnade à la main, entra dans le salon. Tandis qu'elle passait devant la grande bibliothèque en bois d'acajou, elle distingua la tranche des albums de photos de Louisiane. Cela lui donna l'envie de les parcourir. Elle en saisit un, le plus gros, et alla s'installer dans le sofa pour le feuilleter.

Il y avait tout d'abord des photos de l'enfance et de l'adolescence de Louisiane, dont de nombreuses avec Daisy. Sur chaque image où les deux jeunes filles apparaissaient, leur complicité était flagrante. Elles devaient en faire des ravages, ces deux-là, songea Tara. Elles étaient ravissantes, chacune à leur façon. Une image la fit spécialement rire, où l'on voyait les deux ados se livrer à des grimaces dans une série style photomaton.

Venaient ensuite des photos des conférences données par Louisiane, et aussi des clichés de ses voyages humanitaires, dont le fameux portrait qu'elle avait fait agrandir pour l'accrocher dans la cage d'escalier. En marge des images, Ozia avait noté les lieux, les dates. Que de contrées elle avait visitées ! La petite Mindy n'était pas la seule à être épatée. Tara, elle aussi, admirait follement sa marraine de partir comme ça, à l'autre bout du monde, pour venir en aide à ceux qui n'avaient rien.

Puis arrivèrent les photos du mariage de Daisy et de Stanislas, dont Louisiane et Enoch Weber – jadis meilleur ami de Stan – avaient été les témoins. Les images firent naître une sensation douce-amère dans le cœur de Tara. Son père semblait si heureux sur ces photos. Elle se fit la triste remarque que, de l'aura de pur bonheur qui émanait alors de lui, il ne restait aujourd'hui nul vestige. Pire encore : tout ce que ces clichés racontaient s'était avéré n'être que de fragiles illusions, que la réalité avait bien vite pourfendues. Stan en mari aimé, Daisy en épouse comblée, Enoch en ami loyal : autant de rôles chimériques que les comédiens, quelques années plus tard, n'avaient plus pu tenir.

Quelques pages plus tard, Tara, filleule chérie, fit son apparition. D'abord, des photos d'elle lorsqu'elle était bébé. Puis le bébé grandissait, devenait une petite fille aux cheveux brillants et aux grands yeux noirs. Surgirent d'hilarantes images, sans doute envoyées par Stan à Louisiane, de son père et d'elle en train de faire les zouaves à une fête foraine. On les voyait dévorer de la barbe à papa à pleine bouche tout en trimballant une peluche géante de baleine orange, sans doute gagnée au stand de tir. Tara émit un gloussement. Les jolis souvenirs…

À la page suivante, une image amena sur son visage un sourire de ravissement. Elle devait avoir une dizaine d'années sur le cliché en question, se tenait assise à une table et dessinait des chapeaux. Oh oui, les chapeaux ! Bien sûr, les chapeaux ! Sa grande passion d'enfance ! Étant gosse, elle adorait dessiner des couvre-chefs, elle avait même pour ambition d'ouvrir, plus tard, une boutique et de devenir une grande créatrice dont on s'arracherait les collections. C'est d'ailleurs pour cette raison qu'elle avait fait des études de stylisme, au grand dam de Daisy qui, elle, la voyait plutôt faire du droit et devenir avocate dans un grand cabinet parisien. Mais Tara avait tenu bon, appuyée par son père. Au sortir de son cursus, elle avait trouvé un emploi de styliste sur un talk-show produit par un certain Victor Volt. C'est ainsi qu'ils s'étaient rencontrés.

Désireuse de ne pas faire vivre à ses futurs enfants le calvaire du divorce qu'elle avait elle-même vécu, elle s'était voulu la femme d'un seul homme, et avait tout de suite vu en Victor l'homme passionné et passionnant qu'elle attendait. Il était devenu son pygmalion. Elle, de son côté, avait adoré être son égérie. En gage d'amour, il lui avait offert une émission, rien que pour elle. Tara, flattée par cette mise en lumière, avait accepté, persuadée que *MyBeauty* serait un tremplin intéressant pour se faire connaître et lancer ensuite sa propre marque et ses propres chapeaux.

Mais *MyBeauty* s'était révélée être un vampire auquel Tara, par professionnalisme et par amour pour Victor, avait peu à peu, et sans s'en rendre compte, sacrifié ses anciennes aspirations. Et les chapeaux de sa vie n'avaient plus été ceux qu'elle dessinait, mais ceux, fort onéreux, qu'elle portait lors des festivités mondaines où elle paraissait avec son époux.

Elle continua à feuilleter l'album. Elle tomba alors sur un portrait d'elle. Elle regardait l'objectif, pleine face, ses yeux étaient graves. Elle devait avoir 13 ans. C'est Louisiane qui avait pris la photo. Tara s'en souvenait parfaitement parce que c'était juste au moment où ses parents s'étaient séparés. D'ailleurs, songea-t-elle, *ils* ne s'étaient pas séparés, c'est *sa mère* qui avait quitté son père, nuance. Pour partir avec Enoch qui, pour l'occasion, avait abdiqué son rôle de meilleur ami de Stan. Dans les pupilles sombres de l'enfant de la photo se lisait de la tristesse, et aussi de la colère. Elle avait très mal vécu cette rupture, en avait voulu terriblement à sa mère d'avoir abandonné son père.

Les photos suivantes montraient le mariage de Daisy et d'Enoch. L'ancien témoin du marié était devenu le nouveau marié. Une Tara de 20 ans, dont l'air ne semblait pas tellement à la fête, assistait à la noce. Louisiane, de nouveau réquisitionnée pour assister la mariée, était également présente. Ladite mariée rayonnait comme un soleil d'été au bras de l'homme dont elle était folle. Elle avait tout juste démissionné de son poste de vendeuse, dans une maroquinerie de luxe avenue de l'Opéra. S'amorçait pour elle une carrière de bourgeoise mondaine, libérée de toute préoccupation pécuniaire grâce aux revenus avantageux de son *successful businessman* de nouveau mari.

Deux pages plus loin, Ozia avait collé une image, envoyée vraisemblablement par Daisy. Prise dans le salon du boulevard Saint-Germain, on y voyait Tara, sa mère et son beau-père, assis dans le canapé. C'était peu après leur emménagement dans ce nouvel appartement. La jeune femme se rappela combien, à l'époque, elle était mal à l'aise dans ce lieu trop impressionnant, trop guindé. Et surtout, Enoch et Daisy étaient si amoureux que Tara avait le sentiment de les gêner, d'être de trop. À l'étroit dans l'univers fastueux de sa mère, elle n'y trouvait pas sa place, y manquait d'air. À l'inverse, lorsqu'elle était rue du Mont-Thabor, chez son père, Tara se noyait dans le vide. La « Monte-à-bord », ainsi que Stan surnommait leur maison quand elle était petite, était finalement devenue la « Tout-le-monde-descend ». Il avait fallu du temps pour que son père et elle parvinssent à réoccuper l'espace laissé vacant par Daisy. C'était tellement désolant qu'il n'ait jamais voulu refaire sa vie. Il méritait mieux que cette existence monacale et désertique.

S'ensuivait, dans l'album, une nouvelle série d'images consacrées aux voyages de Louisiane. Puis, au détour d'une page, Tara vit apparaître les photos de son propre mariage avec Victor. Une constatation lui sauta aux yeux : qu'ils avaient fière allure l'un à côté de l'autre ! Rien ne paraissait pouvoir briser leur union. Tara sentit un pincement lui meurtrir le cœur. Autant que celle du mariage de ses parents, la photo de ses propres noces, pourtant si pleine de promesses, ne représentait plus aujourd'hui qu'un mensonge du destin auquel l'arrêt d'un tribunal mettrait bientôt définitivement fin...

La tirant brutalement de son voyage photographique dans le passé, Osiris poussa un miaulement strident. Posant l'album sur le canapé, Tara se leva prestement. Le cri félin venait de l'extérieur. Traversant à toute vitesse la cuisine, la jeune femme ouvrit la porte d'entrée. Un deuxième miaulement se fit entendre, plus distinct. Le cherchant des yeux, Tara appela Osiris, à plusieurs reprises. Un nouveau glapissement lui répondit, qui semblait venir du haut de l'arbre du jardin. Tara leva la tête et aperçut effectivement le matou noir, agrippé à une branche, ne sachant apparemment pas comment redescendre de son perchoir. S'aidant du muret qui entourait le jardinet, Tara se jucha jusqu'à hauteur du petit fauve, qu'elle prit dans ses bras.

À ce moment-là, elle entendit son portable sonner à l'intérieur. Posant l'animal à terre, elle courut jusqu'au salon chercher son smartphone. « Victor appelle », lut-elle sur l'écran. Elle hésita une brève seconde, et finalement décrocha.

— Qu'est-ce que tu veux ? demanda-t-elle sèchement.

Pendant un instant, un tout petit instant, elle eut l'espoir irrépressible qu'il allait répondre qu'elle lui manquait, qu'il avait quitté Sherry, et que tout ce mauvais rêve était terminé. Mais l'instant prit fin, et l'espoir aussi. Victor répondit seulement :

— Je voulais avoir de tes nouvelles. Ce n'est pas parce que nous allons divorcer que tu cesses d'être importante à mes yeux. Je voulais savoir si tout allait bien.

Son ton paternel exaspéra Tara au plus haut point. Les mots sortirent, tels des boulets de canon :

— Écoute-moi bien, Victor, tes manières douceâtres et tes postures de grand seigneur, tu peux te les mettre où je pense ! Je veux que tu arrêtes de faire comme si tout allait bien se passer entre nous ! Entre nous, ce n'est pas l'armistice, c'est la guerre ! Tu comprends, ça ? Alors vraiment, évite de te croire obligé de m'appeler pour me faire la conversation !

Des petits coups furent frappés contre la porte de la cuisine, mais, concentrée sur l'agacement que lui inspirait Victor, Tara n'y prit pas garde, et continua sa harangue :

— Moi, ce que je veux, c'est en finir avec toi, asséna-t-elle à son mari, te rayer de ma vie ! Ne plus te voir, ne plus t'entendre ! Je veux t'ou-bli-er ! Donc, s'il te plaît, facilite-moi la tâche et ne me téléphone pas ! La prochaine étape, ce sera le juge et les avocats, mais d'ici là, nous, nous n'avons plus rien à nous dire !

Et vlan, elle raccrocha.

— Bonsoir, pardon de vous déranger… dit alors une voix, pas loin derrière elle.

Tara sursauta et se retourna, le cœur battant. En face d'elle se tenait Adam, le sempiternel voisin. C'est-à-dire la dernière personne, après Victor, qu'elle pouvait avoir envie de rencontrer en cette minute. Sa mauvaise humeur s'accrut encore. Ce type était décidément aussi collant qu'un bonbon périmé.

— Nom d'un chien, gronda-t-elle, ça doit devenir une habitude, chez vous, de débarquer comme ça, à l'improviste ?

— Là, c'est vous qui aviez laissé la porte ouverte, vous ferais-je remarquer, répondit l'autre très calmement, sans une once d'agressivité.

— Bien sûr que non, je n'ai pas lai…

Elle arrêta sa phrase en suspens, se souvenant subitement que, dans sa course-poursuite vers le téléphone, elle avait en effet laissé le battant ouvert.

— Ce n'était pas une raison pour entrer ! enchaîna-t-elle sans se démonter.

— Non, c'est vrai. Mais ce qui s'est passé, c'est que j'avais prévu de venir vous voir, et en arrivant devant la maison, j'ai trouvé la porte ouverte. Cela m'a paru étrange, j'ai eu peur que vous ayez eu un malaise. Alors, je suis entré.

La mine toujours hautaine, Tara dévisagea son interlocuteur pendant qu'il parlait. Il avait des yeux d'un vert très pâle, presque délavé, des cheveux frisottés bruns, un nez en trompette, et il portait une chemise à carreaux rouge, façon bûcheron canadien, complètement kitsch. Le tout lui donnait un air de vieille godiche. Décidément oui, c'était vraiment ça ! L'exemple même de l'homme fade. Zéro charisme. L'inverse de Victor.

— Et vous passiez me voir pourquoi ? demanda-t-elle, méprisante.

— Je voulais m'assurer que tout allait bien pour vous.

Tout à coup, Tara eut le sentiment qu'elle voyait clair dans le jeu du bonhomme, et cela finit de l'horripiler.

— Oh non, pitié, ne me faites pas le coup de la drague ! Vous êtes le vieux garçon de l'île, vous tentez votre chance. C'est de bonne guerre. Mais franchement, épargnez-vous du ridicule, laissez tomber !

— Je vous assure que je venais juste pour…

— Bon, écoutez, le coupa-t-elle sèchement, puisqu'il faut vous mettre les points sur les *i*, allons-y ! Je ne suis pas venue ici pour me faire des copains ni pour faire des rencontres, mais pour être seule. Seule, compris ? Je me contrefiche de savoir que je vous plais, que vous me trouvez belle, ou toute autre fadaise du même style ! Je veux qu'on me foute la paix ! C'est clair ?

Il resta un instant silencieux. Puis, il finit par dire, d'un ton calme mais dénué de mollesse :

— C'est très clair. Par égard pour Louisiane, pour qui j'ai la plus haute estime, je trouvais normal de vous faire bon accueil et de vous témoigner un peu de civilité. Mais puisque ma présence vous insupporte, je propose que nous en restions là. Sachez seulement que, contrairement à ce que vous croyez, je n'avais aucune arrière-pensée. Peut-être qu'à Paris les hommes plongent sur vous bille en tête. Mais, ici, nous sommes encore très arriérés, et nous privilégions l'amabilité et la chaleur humaine. Désolé que cela vous ait heurtée. Bonsoir.

Sans un mot de plus, il quitta la maison.

— C'est ça ! Du balai ! s'exclama Tara, encore furieuse, lorsqu'il fut sorti.

Ce type avait vraiment le chic pour lui taper sur le système. Avait-on idée d'être aussi pataud ? Et puis, pourquoi avait-il donc besoin de venir fouiner comme ça ? S'il était resté sagement chez lui, rien ne serait arrivé, et elle n'aurait pas eu à se montrer désobligeante. Ça lui apprendrait à être poli !

Louisiane avait parfois le don de s'enticher de personnalités vraiment bizarres – Daisy en était le plus bel exemple. Tara lui toucherait un mot dès son retour de son voisin pot de colle et voyeuriste. Sa marraine avait un tempérament si généreux qu'elle en devenait quelquefois trop indulgente, comme avec cet hurluberlu qui n'était visiblement jamais sorti de son île.

Elle préféra dîner tôt, afin de pouvoir ensuite profiter d'une longue soirée de lecture au lit. Avant de se rendre à la cuisine, elle saisit l'album de photos de Louisiane pour le ranger. À cet instant, une enveloppe s'en échappa et tomba au sol. Elle portait cette mention : *Geoffrey, Tanzanie, 1982*. Comme elle n'était pas cachetée, Tara aperçut à l'intérieur deux photos, que sa curiosité la poussa à regarder.

C'étaient des clichés anciens, un peu jaunis. Le premier présentait le portrait d'un assez bel homme, aux traits fins et aux yeux clairs. Le second montrait Louisiane, se tenant devant un village africain, dans les bras de ce même homme.

Mais qui était-il donc ? Jamais Ozia n'avait parlé de lui ou n'avait montré sa photo. Pourtant, ils semblaient très proches sur l'image. Intriguée, Tara rangea l'album mais garda l'enveloppe.

Après un repas léger, elle monta se mettre au lit, où Osiris la rejoignit bientôt. Elle lut deux heures, puis sentit la fatigue la gagner. Avant de fermer son livre, elle regarda de nouveau les photos de Tanzanie dans leur enveloppe défraîchie. Puis, elle tendit la main pour éteindre la lampe et, comme la veille, aperçut le jeu *Odissea* sur la table de nuit. Elle avait si bien su ne plus y penser tout l'après-midi, qu'elle l'avait presque oublié, celui-là. Il était pourtant là, patient, docile. Tara éteignit et s'abandonna au sommeil avec ces deux questions en tête : devait-elle se servir du jeu ? Et qui pouvait bien être le mystérieux Geoffrey des photos ?

8

The time is here at last, it's now or never[1].

(Elvis Presley – *It's Now or Never*)

La première chose à laquelle Tara pensa en se réveillant le lendemain fut le jeu *Odissea*. Il fallait prendre une décision le concernant. Elle descendit la boîte avec elle dans la cuisine, y réfléchit tout en buvant son café.

Les yeux rivés sur le coffret, elle hésitait. D'un côté, elle était déjà fort chamboulée par les événements récents survenus dans sa vie, et n'avait guère envie de brasser de nouveau ses émotions au travers de tirages introspectifs. Mais, d'un autre côté, ce jeu était un cadeau de Louisiane. Qui, si elle l'avait offert à Tara, devait sans nul doute le juger bénéfique pour elle. Et, en outre, pouvait-on résister à l'appel d'un jeu se prétendant magique ?

— Et toi, t'en penses quoi ? demanda-t-elle à Osiris.

Celui-ci, fort occupé à lamper l'eau de sa coupelle, ne prit pas la peine de tourner la tête vers elle.

L'attention de Tara fut alors attirée par une sonnette de bicyclette. Regardant par la fenêtre, elle vit passer Mindy, la factrice, qui distribuait le courrier. Mue par un brusque élan, Tara ouvrit les vitres et envoya un « Bonjour » à travers le jardinet. La petite

1. Le moment est là enfin, c'est maintenant ou jamais.

blonde, qui était descendue de son vélo pour déposer les missives dans les boîtes aux lettres, s'approcha avec un grand sourire.

— Hello, mam'zelle, s'exclama-t-elle. Ça tombe bien que vous soyez là, j'ai un truc pour votre marraine ! Je peux vous l'apporter ?

Tara fit un signe de tête accueillant. Mindy traversa donc le jardin et s'avança jusqu'à la fenêtre.

— Vous avez vu, on a une belle journée ! se réjouit-elle. Moi, le soleil et le ciel bleu, ça me ravit le moral !

Elle farfouilla dans sa besace puis tendit deux plis épais à Tara.

— Ce sont les abonnements de madame Oze.

— Mademoiselle, rectifia machinalement Tara.

— Si vous voulez. Tenez, y a son catalogue des 3 Suisses et la revue *Grands Voyages.*

— Merci, dit Tara en posant les magazines sur la table.

— Alors, vous avez bien profité de la plage, hier ?

Tara hocha le menton.

— Eh ben, tant mieux ! continua Mindy. Faut vous faire plaisir ! Vous êtes là pour ça, après tout, pas vrai ? Et aujourd'hui, qu'est-ce que vous allez faire de beau ?

— Je ne sais pas encore.

— Si vous voulez, je peux vous rencarder sur les endroits chouettos à visiter dans le coin. Y en a deux ou trois qui valent le détour !

— OK, j'y penserai, répondit Tara dans un sourire.

Fixée sur la pensée dont elle ne parvenait pas à détourner son esprit depuis son réveil, elle demanda alors à son interlocutrice :

— Je peux vous poser une question farfelue, Mindy ?

— Allez-y, vous gênez pas !

— Si vous trouviez un jeu magique, pouvant censément améliorer votre vie, vous vous en serviriez ?

— Un jeu magique ? Mais un jeu genre quoi ? Monopoly ? Cluedo ?

— Non, plutôt un jeu de cartes.

— Ah, je vois ! Genre madame Irma ?

— Oui, quelque chose comme ça.

— Bah, c'te question ! Un peu que je m'en servirais… Surtout si j'ai rien à perdre !

Tara s'apprêtait à répondre, lorsqu'un gémissement venant de la rue interrompit violemment leur conversation. Elle enjamba le rebord de la fenêtre. D'un même mouvement, les deux femmes coururent jusqu'à la clôture du jardin, et aperçurent un vieux monsieur étendu de tout son long sur les pavés beiges.

— Mais c'est monsieur Sarayan ! s'écria Mindy.

Elle s'élança vers lui, suivie de Tara, et toutes deux s'agenouillèrent près du bonhomme renversé. Au bout de quelques secondes, elles entendirent d'autres pas empressés. Levant les yeux, Tara vit à son grand dam qu'Adam les avait rejointes. Lui aussi avait dû percevoir le cri et s'était précipité au secours du vieillard. La présence de Mindy et la diversion que créait la chute malencontreuse du vieil homme permirent à Tara de ne pas se sentir trop mal à l'aise face à son voisin.

Les trois « sauveteurs » aidèrent le pauvre papy à se relever et à s'asseoir le long de la barrière de Louisiane.

— Ça va, Jacob ? questionna Adam. Comment vous vous sentez ? Vous avez mal quelque part ?

— Non, je pas mal, pas de prroblème, répondit l'octogénaire en roulant les *r* dans un fort accent oriental. Je loupé le trrottoirr, et je m'étalé parrtout. Je eu peurr. Mais ça va. Pas mal.

Ils continuèrent néanmoins à l'interroger pour vérifier qu'il avait bien recouvré ses esprits, ne s'était rien cassé.

— Je va bien, pas de prroblème, répéta Jacob.

— Il faudrait quand même faire venir un toubib pour être sûrs, proposa Mindy.

— Oui, vous avez raison, acquiesça Adam.

— Par contre, je suis embêtée, mais moi, faut que je finisse ma tournée, reprit Mindy.

— Ne vous inquiétez pas, la rassura Adam. Je vais le ramener chez lui et j'appellerai son médecin. Vous pouvez partir tranquille.

La petite blonde salua donc Tara, Adam, puis Jacob, qui la remercia de sa sollicitude, et enfourcha son vélo. Adam saisit doucement le bras du vieil homme.

— Venez, Jacob, on va rentrer, lui dit-il.

Tara, qui, peut-être inconsciemment, trouvait là une occasion de se racheter de ses humeurs arides des jours précédents, prit spontanément l'autre bras du vieux monsieur.

— Je vais venir avec vous, ce sera plus simple, dit-elle donc.

Adam la regarda tandis qu'un éclair de surprise passait dans ses yeux.

Jacob Sarayan habitait au bout de la rue de la Dame Blanche, dans une maison carrée, très ramassée, aux murs blancs et aux volets bleus. Les ardoises du toit luisaient sous l'astre solaire. L'intérieur ressemblait à une maison de poupée : petites pièces, peu nombreuses, mobilier rétro mais de bon goût. L'endroit distillait une délicate ambiance d'antan.

Ils installèrent Jacob dans son canapé. Puis, Adam demanda le numéro du médecin traitant du vieil homme, et l'appela.

Celui-ci promit qu'il passerait dans l'après-midi pour contrôler l'état de son patient.

— Vous pouvez laisser moi, dit alors Jacob à ses deux gardes du corps improvisés. Je suis bien. Je va rreposer. Vous êtrre des amourrs de vous occuper si bien de moi. Je suis touché, beaucoup.

Il prit les mains des deux jeunes gens et les embrassa longuement. Adam dit qu'il passerait le soir pour prendre de ses nouvelles. Puis ils se retirèrent afin de le laisser se remettre de ses émotions.

— J'espère qu'il n'a rien, dit Tara lorsqu'ils se retrouvèrent de nouveau dans la rue. Il est si gentil ce monsieur.

— Jacob est arménien, expliqua Adam. Il vit ici depuis vingt ans, mais sa femme est décédée il y a longtemps, alors il est tout seul. C'est un petit vieux étonnant, toujours de bon poil, qui fait sa balade quotidienne qu'il pleuve ou qu'il vente.

Le silence s'installa entre eux. Plutôt que de laisser la gêne la gagner, Tara décida de prendre les devants et de rompre d'elle-même ce silence.

— Écoutez, je tenais à m'excuser pour mon comportement d'hier et d'avant-hier. J'ai été plutôt vache avec vous.

— Je confirme, dit doucement Adam en souriant. Mais j'accepte vos excuses.

— Je ne suis pas toujours aussi désagréable, vous savez. En temps normal, je suis même quelqu'un de plutôt fréquentable. Mais disons qu'en ce moment, je suis vraiment sous pression. Alors vous êtes mal tombé avec votre gentillesse et vos manières doucettes. Ça m'a hérissée plus qu'autre chose.

— Je comprends. Et je suis, en retour, navré de vous avoir crispée à ce point. On efface tout et on recommence ?

— OK.

— Vous vous appelez Tara, je crois ?

— Oui, Tara Vo… commença-t-elle avant de rectifier : Tara Bouviers.

— Alors, enchanté, Tara.

— Et vous, rappelez-moi, vous êtes Adam… ?

— Marchal.

— C'est ça, Marchal. Je me souviens.

Il regarda sa montre.

— Je n'ouvre la librairie que dans trois quarts d'heure. Est-ce que je peux vous offrir un café sur le port ? Juste pour finir d'enterrer la hache de guerre…

Tara prit quelques secondes d'active réflexion. Un tête-à-tête avec Adam le voisin n'était pas forcément le rendez-vous le plus alléchant qui fût, mais l'homme paraissait suffisamment inoffensif pour qu'elle pût accepter l'offre. De toute manière, s'il avait la mauvaise idée de s'aventurer dans des plans de séduction inappropriés, elle saurait bien le remettre à sa place sans tarder. En outre, après s'être montrée si odieuse avec lui, elle lui devait bien ça. Elle accepta donc.

— Vous avez parlé de librairie. C'est votre métier ? demanda-t-elle une fois qu'ils furent installés en terrasse.

— Oui, je tiens la boutique de livres anciens, à deux rues de l'église Sainte-Chantal.

— Ah mais oui, je vois très bien, je suis souvent passée devant quand je venais rendre visite à Ozia.

— Ozia ?

— C'est le surnom que je donne à Louisiane.

— C'est votre marraine, si j'ai bien compris ?

— Oui.

Ils commandèrent une orange pressée pour elle et un thé de Ceylan pour lui.

— Vous êtes venue chez elle en vacances ?

— Oui et non. J'ai eu le besoin de prendre un peu de recul par rapport à ma vie parisienne.

Elle ajouta alors, avec une franchise crue qui la surprit elle-même :

— En fait, je viens de me faire virer par mon employeur, qui est aussi mon époux, et avec lequel j'entame une procédure de divorce.

— Cela fait beaucoup en même temps.

— N'est-ce pas ? C'est pour ça que je suis pas mal à cran.

— Dans quel domaine travailliez-vous ?

— J'animais une émission de beauté pour une chaîne du câble.

— Et c'est de cette émission que vous avez été licenciée ?

— Mon mari, qui en est le producteur, a décidé que je n'étais plus assez fraîche, expliqua-t-elle avec acidité. Il m'a larguée des plateaux et de sa vie, pour me remplacer par une nénette de 20 ans.

— Et comment vous gérez ça ? demanda-t-il d'un ton compatissant.

— Je ne sais pas si je gère. J'essaie de ne pas me laisser entamer par la situation.

Leurs commandes arrivèrent.

— Et vous ? demanda-t-elle en touillant le jus de son orange.

— Moi ?

— À part vendre des livres et entrer dans les maisons sans y avoir été invité (elle fit un clin d'œil en prononçant ces mots), que faites-vous dans la vie ?

— Eh bien, je sors, je me promène, j'écoute des émissions culturelles à la radio, je lis. Beaucoup. Surtout Proust ! C'est mon écrivain préféré. Tous les autres peuvent aller se rhabiller. Pour moi, c'est lui le maître incontesté.

— Vous avez toujours voulu être libraire ?

— Oui, absolument. C'était mon rêve de môme. Mon grand-père passait son temps à me lire les vieux livres de sa bibliothèque, je crois que c'est là que j'ai développé ce goût pour les ouvrages anciens.

— Mais vous arrivez à en vivre ?

— Correctement. Surtout grâce aux bibliophiles, aux institutions universitaires et aux bibliothèques. Je participe aussi aux foires internationales du livre ancien. J'ai une clientèle, disons, choisie, mais fidèle.

— Et vous habitez ici depuis longtemps ?

— À peu près six ans. J'ai quitté Paris et je suis venu m'installer ici avec ma femme.

— Vous êtes marié ? demanda-t-elle éberluée, tant l'idée même que cet homme-là pût être autre chose qu'un vieux célibataire lui paraissait inconcevable.

— Je l'étais, répondit-il, le visage grave.

Tara sentit que la discussion prenait un tour délicat, et n'osa pas le questionner davantage. Lui, de son côté, resta silencieux, mais sans cesser de la regarder.

— Je suis veuf, dit-il alors.

— Oh, pardonnez-moi, réagit-elle, surprise autant qu'embarrassée par cette annonce à laquelle elle ne s'attendait pas. Je ne voulais pas vous...

— Ne vous inquiétez pas, la coupa-t-il sans brusquerie, vous ne pouviez pas savoir.

Tara baissa les yeux et contempla fixement son jus d'orange. Ils laissèrent un ange passer. Puis Adam reprit la parole.

— Je peux vous poser une question ? Votre prénom, c'est en hommage à Scarlett O'Hara, l'héroïne d'*Autant en emporte le vent* ?

— Non, pas du tout. Mais c'est vrai que si je me souviens bien, Tara, c'est le nom de sa maison ?

— Tout à fait. Dans le film, tout comme dans le roman de Margaret Mitchell dont c'est l'adaptation, Tara est le nom de la plantation de la famille O'Hara. Scarlett aime cet endroit plus que tout et elle se bat de toutes ses forces pour pouvoir le garder après la guerre de Sécession.

— Oui, c'est ça, je me le rappelle effectivement. Mais mon prénom ne vient pas de là. Ma mère trouvait le nom Tara très élégant. Mon père, lui, voulait m'appeler Christelle, mais maman jugeait cela horriblement commun. Alors il a accepté Tara. Et tant mieux d'ailleurs car, pour une fois, je suis d'accord avec ma mère, et je préfère largement Tara à Christelle.

À une table non loin d'eux, elle aperçut un couple âgé en train de jouer au bridge. Les voir cartes en main lui fit repenser aux cartes du jeu *Odissea* et à la décision qu'elle devait prendre. Lui vint la même impulsion que celle qu'elle avait eue plus tôt le matin, avec Mindy.

— Est-ce qu'à mon tour je peux vous poser une question ? demanda-t-elle.

— Bien sûr.

— Je vous préviens, elle est étrange ! Si on vous offrait un jeu, mettons un peu magique, censé vous aider à embellir votre vie, est-ce que vous vous en serviriez ?

— Un jeu comment ?

— Un jeu de cartes.

— Comme un tarot divinatoire ?

— Par exemple. L'utiliseriez-vous ?

— Euh… je me questionnerais probablement un peu avant, mais je crois bien que oui. Je suis trop curieux pour ne pas être tenté par une telle aventure. Risquerais-je quelque chose ?

— Il me semble que non.

— Alors ma réponse est définitivement oui. Tout ce qui permet de faire pétiller l'existence ou de la réenchanter me paraît digne d'intérêt. Je serais donc tout à fait preneur de votre jeu magique. Mais, dites-moi, d'où vous vient cette drôle de question ? Est-ce lié à votre marraine ? ajouta-t-il, en plissant les yeux. Je crois me souvenir qu'elle collectionne les tarots…

— Ah, vous le saviez ? Eh bien, en effet, elle vient de me faire cadeau d'un jeu très spécial dont elle est convaincue qu'il peut m'aider à faire le point durant cette période un peu chaotique. Mais j'avoue que j'hésite à m'en servir.

— De quoi avez-vous peur ?

— Ce n'est pas vraiment de la peur. Peut-être plus un genre de superstition…

— Si, comme vous me l'avez dit, vous n'avez rien à perdre, pourquoi ne pas essayer ?

— J'y réfléchis.

— Vous me direz ce que vous aurez décidé ? demanda-t-il avec un air de gamin curieux.

— D'accord, répondit Tara en souriant. Si je me lance, je vous en ferai part.

Il fut bientôt l'heure pour Adam d'aller ouvrir sa boutique. Il régla l'addition, puis ils se levèrent. Tara le remercia pour le pot.

— Je vous en prie, répondit-il. Cela aurait été dommage que nous en restions, chacun, à une mauvaise impression. C'est toujours plus facile de bien s'entendre avec ses voisins.

— Vous avez raison. Et au moins, je n'aurai pas à rougir de honte ou à changer de trottoir si je vous croise dans la rue, dit-elle en souriant.

— Absolument ! renchérit-il. Nous pourrons nous saluer, comme les gens civilisés et bienveillants que nous sommes. Sur ce, je vous souhaite une bonne journée, Tara. À bientôt.

— Oui, à bientôt.

Elle le regarda s'éloigner. Dans le fond, c'était un gentil garçon. Il avait une allure de péquenaud mais il était loin d'être bête. Sa passion pour Proust avait impressionné Tara, même si, de son côté, la jeune femme trouvait plutôt indigeste la plume du maniéré Marcel. À découvrir Adam passionné de littérature ancienne, elle comprenait mieux l'entente qu'il pouvait y avoir entre Louisiane et lui.

Elle rentra rue de la Dame-Blanche. Sur la table de la cuisine, semblant lui faire de l'œil, elle aperçut *Odissea*. À ses côtés, Osiris s'étendait paresseusement, tel un lion des savanes. Lorsque Tara s'avança, il releva la tête et plaça une patte impériale sur le couvercle du jeu.

— Oui, mon chat, je sais, le jeu m'attend, dit la jeune femme en posant son sac. Je ne pense qu'à ça depuis ce matin, et j'en parle même à tout le monde. Mindy et le voisin disent que, eux, ils fonceraient. Mais moi, j'hésite encore.

Le matou pencha la tête et émit un petit bruit de sa gorge féline.

— Dois-je comprendre que toi aussi tu m'y incites ?

À cet instant, une sonnerie lui indiqua qu'elle venait de recevoir un texto. Elle saisit son téléphone. Le message provenait de Victor.

Bonsoir. Je dois t'annoncer quelque chose : je vais épouser Sherry. Je suis désolé de te l'apprendre par SMS, j'aurais préféré te le dire de vive voix. Mais tu étais si glaciale et agressive hier au téléphone, je n'ai pas réussi. Je suis prêt à tout pour que le divorce se passe le mieux possible et le plus vite possible. Dicte-moi tes conditions, je les respecterai. Je souhaite que tu puisses retrouver rapidement un bonheur semblable au mien. Bien à toi. V.

Tara eut la sensation que son cœur et ses doigts se glaçaient tandis que, dans le même temps, son front et ses joues devenaient brûlants. Un soupir de rage s'échappa de sa bouche.

Elle eut envie de fumer. Ou de casser quelque chose. Ou de partir à l'autre bout du monde, comme Louisiane. Mais aucune de ces trois actions, elle le savait, ne pouvait l'aider efficacement. La seule option, c'était de prendre son temps pour peaufiner sa vengeance. Une implacable vengeance ! Celle qui, dès son retour à Paris, leur ferait vomir leur bonheur, à Victor et Sherry !

Son regard croisa alors le petit miroir carré au-dessus de l'évier. Elle y vit le reflet d'une femme d'au moins 1 000 ans, seule, mise au rebut, embourbée dans sa déconfiture. Sa main, qui tenait toujours le portable, retomba lourdement contre la table et, ce faisant, cogna le jeu *Odissea*. Ses pupilles caressèrent la boîte en bois, et la décision fut instantanée.

Elle lâcha le téléphone et, à la place, agrippa le jeu. Le serrant contre sa poitrine, elle traversa le salon, s'engagea dans l'escalier et monta les marches, quatre à quatre. Osiris la précédait comme s'il devinait où ses pas la menaient. Elle ne cessait de se répéter les mêmes mots : *c'est maintenant ou jamais.*

Elle entra dans la caverne aux tarots et s'installa à la table de tirage. Afin de se le remettre en mémoire, elle relut le mode d'emploi, en énuméra brièvement les recommandations :

— … lancer les dés… tirer le nombre de cartes indiqué… accomplir les actions… aller obligatoirement au bout de la partie…

OK, elle avait bien tout en tête.

« *Maintenant, à vous de jouer* », disait, à la fin, la notice. Oui, maintenant, c'était à elle de jouer. Maintenant ou jamais. Et ainsi, après les avoir tenus solennellement dans sa main pendant quelques instants, Tara lança les dés.

9

Au clair de la lune, mon ami Pierrot.

(Comptine populaire)

Les dés tombèrent sur le chiffre 7. Il y aurait donc sept cartes à tirer. Tara saisit le paquet de lames, les étala devant elle. Très concentrée sur ce choix solennel de la première carte, elle les parcourut plusieurs fois des yeux. Lorsque son instinct le lui dicta, elle en prit une, qu'elle retourna. Tout d'abord blanche, la face de la carte se transforma peu à peu, laissant apparaître les contours d'une image. Tara, qui s'attendait presque à ce que rien ne se passât – ou peut-être l'espérait-elle –, sentit sa bouche s'ouvrir de stupeur.

Immédiatement, sa raison eut besoin d'expliquer le petit prodige qui venait d'avoir lieu. Voyons, il ne pouvait être question de magie pure. Sans doute y avait-il un procédé d'encre sympathique et de chaleur thermique qui faisait apparaître le dessin lorsque la main touchait la carte. Tout de même, c'était saisissant. Mais c'était certainement ce qui faisait la particularité de ce jeu. Et si cela n'effrayait pas Louisiane, Tara non plus ne devait pas s'en effrayer.

Son pragmatisme se trouvant à peu près rassuré par ces arguments, la jeune femme reporta son attention sur ce que représentait l'image ; une femme brune déguisée en Pierrot, avec une petite larme tatouée au coin de la paupière.

Les sourcils de Tara se haussèrent. C'était cela le message ? Une Pierrote larmoyante ? Elle eut une sensation de désappointement, d'autant plus vive que tous les tirages qu'elles avaient pu effectuer avec sa marraine ne s'apparentaient en rien à ce genre de rébus nébuleux. D'abord parce que Louisiane, connaissant sur le bout des doigts la signification des cartes de tarot, n'avait pas de mal à les interpréter et à les expliciter. Ensuite parce que, dans la plupart des jeux, un livret explicatif était fourni, qui pouvait servir de pense-bête, et permettre aussi aux novices de comprendre les cartes sans embarras. Tandis que, là, il n'y avait ni Louisiane ni livret pour aider à décrypter l'image.

Tara se mordit la lèvre. Quelle pouvait bien être l'action à mettre en place ? Réciter des poèmes ? Se déguiser en personnage de la *commedia dell'arte* ? Un léger agacement l'envahit et elle en vint presque à regretter d'avoir pioché la carte. Son intuition avait eu raison d'être sceptique. Si tous les tirages se révélaient aussi indéchiffrables, finir l'obligatoire partie ne serait pas une mince affaire.

Énervée, elle sortit de la pièce et descendit au salon, suivie par Osiris qui, décidément, ne la quittait plus. Elle tourna en rond pendant un moment. Puis, de nouveau prise d'une curiosité malsaine, elle fondit sur son smartphone pour voir ce que les journaux disaient d'elle depuis son départ de la ville.

Son divorce était désormais officiel. Victor et Sherry se pavanaient à la *Tour d'Argent*. Quant à elle, on racontait partout qu'elle était partie en thalasso se requinquer. Bah, après tout, ce n'était pas si loin de la vérité (quoiqu'en thalasso elle aurait eu droit à des massages et à de la nourriture gastronomique). Puisqu'elle avait supprimé les applications, elle dut se reconnecter aux réseaux sociaux depuis Internet, et nota que le nombre de ses fans et *followers* avait encore baissé. Elle décida alors de poster une photo de la vue qu'elle avait de sa chambre, qu'elle commenta ainsi : Les batteries se rechargent. Puis elle reposa l'appareil et alluma la télé.

Arte diffusait une émission consacrée à Niki de Saint Phalle. L'artiste, des feuilles posées en vrac devant elle, les griffonnait, les agençait. Tara repensa aux feuilles qu'elle-même, lorsqu'elle était enfant, noircissait de croquis de chapeaux. Regardant avancer la création de Niki, Tara sentit en elle l'envie de l'imiter. Elle alla chercher, dans le tiroir du buffet où elle savait que Louisiane les rangeait, des feuilles blanches et des crayons à papier. Elle s'installa à la grande table de la salle à manger, tout inondée des rayons du soleil. Aussi naturellement qu'avait surgi l'envie de dessiner, Tara sut *ce* qu'elle allait dessiner. Les doigts saisis d'une folle sève créatrice, elle laissa son poignet danser sur la feuille.

Le chat aux aguets, posté à un coin de la table, regardait ce qui, sous ses yeux, était en train de naître. La main de Tara continua à tracer des arabesques qui prirent forme, petit à petit. Et le papier, cessant d'être immaculé, laissa bientôt apparaître un ravissant chapeau. Un deuxième suivit peu après. Puis un troisième.

Absorbée dans cet acte de création, Tara y retrouvait un plaisir depuis trop longtemps effacé de sa mémoire. Il ressurgissait intact, puissant, semblable à celui qu'elle ressentait jadis lorsqu'elle dessinait ses galures.

Les heures s'abolirent. Tara oublia tout et elle ne fut plus que cette main alerte qu'un flot fécond envoyait courir d'un bout à l'autre de la feuille.

L'après-midi passa sans qu'elle s'en aperçût. Elle finissait d'élaborer le croquis de son dixième couvre-chef lorsqu'elle entendit toquer contre la porte de la cuisine. Cela la tira de sa transe fertile. Revenant d'un coup à la réalité, elle se leva, et vint ouvrir. Son voisin se tenait sur le perron.

— C'est encore moi ! dit gaiement Adam. Vous allez de nouveau croire que le vieux garçon de l'île vient vous draguer.

— Ce n'est pas le cas, bien sûr ? répliqua Tara, en souriant à ce trait d'humour.

— Je vous jure que non. Et même, si ça peut vous détendre, je peux vous avouer quelque chose.

— Je suis tout ouïe.

— C'est Louisiane qui m'a demandé de veiller sur vous.

— Sans blague ?

— Sans blague. Vous vous souvenez de cette fameuse lettre que, le premier soir, vous m'avez gracieusement remise – ou enfin presque gracieusement, dirons-nous ? En fait, dans cette lettre, votre marraine me demandait de prendre soin de vous en son absence. Et comme je me sens redevable du soutien dont Louisiane a fait preuve à mon égard dans certaines circonstances, je ne pouvais qu'accéder à sa demande.

— Eh bien, c'est très gentil, mais Louisiane s'est fait du mouron pour rien. Je suis une grande fille et je n'ai pas besoin de chaperon.

— Soit, c'est noté, pas de chaperon. Mais puis-je au moins vous offrir ma camaraderie ?

— Ça, vous pouvez, mais tâchez quand même de ne pas en faire trop, parce qu'en ce moment je crois que je n'ai pas beaucoup de patience.

— Je m'en souviendrai ! Dites-moi, je m'apprêtais à aller rendre visite à Jacob pour voir comment il va. Voulez-vous venir avec moi ?

Tara réfléchit un instant. Elle avait tant dessiné aujourd'hui, la visite au vieil homme pourrait lui servir de pause.

— Pourquoi pas, répondit-elle.

Le médecin de Jacob était passé dans l'après-midi, l'avait ausculté et avait vérifié que son état ne nécessitait pas d'hospitalisation. Le vieillard fut très touché par la visite de ses deux voisins et tint absolument à leur offrir un verre de cidre et des pistaches.

— Vous vous sentez tout à fait remis ? demanda Tara en buvant une gorgée d'alcool.

— Je va bien, la rassura-t-il avec son charmant accent. Ne pas vous inquiétez. C'est trrès gentil de venir me voirr, mais ne pas vous inquiétez. Je sais bien que je vais mourrirr.

— Ne dites pas ça, protesta Adam. Vous êtes en pleine forme. Tout va bien aller.

— Mais si, insista tranquillement Jacob. Je va mourrirr un jourr, bientôt. Mais ce n'est pas trriste. Ce qui est trriste, c'est quand tout ce qui a fait votrre monde a disparru. Alorrs, on n'a plus de raison de rrester. Quand je va parrtirr, je suis content, parce que je va rretrrouver ma femme. Elle me manque, et j'ai hâte. Alorrs, vous voyez, ce n'est pas trriste.

Tara vit le visage d'Adam devenir grave en entendant ces mots. Le vieux monsieur continua :

— Vous savez comment je l'ai rrencontrrée, ma femme ? Je venais d'arrriver à Parris. Je parrlais trrès mal le frrançais, encorre plus mal qu'aujourrd'hui. Je me prromenais surr les grrands boulevarrds et là je vois cette jeune fille superrbe. J'ose, je vais, j'engage la converrsation, et j'invite à boirre un verrre. On va dans un café. Là, je demande : « Comment vous appelez-vous ? » Elle rrépond : « Devinez ! » Alorrs, moi je dis : « Deviné ? C'est trrès joli prrénom ! » J'avais crru qu'elle s'appelait comme ça ! Elle a beaucoup rri et aprrès, on s'est beaucoup aimés. Toute la vie.

Tara esquissa un sourire attendri.

— Et comment s'appelait-elle, en réalité ?

— Giselle. C'est beau, oui ? Plus beau que Deviné !

Les deux voisins de Jacob acquiescèrent avec conviction. Le vieil homme parla alors de sa vie, du métier de chirurgien qu'il avait exercé à Paris, de la guerre d'Algérie qu'il avait dû faire, de son fils qui vivait à Mulhouse, de sa femme morte d'une méningite.

Tara et Adam l'écoutèrent raconter son existence. Puis, l'heure du dîner approchant à grands pas, ils prirent congé de l'octogénaire, en promettant, l'un et l'autre, de repasser le voir très prochainement.

Tandis qu'ils marchaient côte à côte, Tara eut soudain le désir d'évoquer avec Adam le Pierrot mystérieux qu'elle avait pioché, espérant qu'il aurait peut-être une idée pour l'aider à décoder la carte.

— Je peux vous poser une nouvelle question étrange ? demanda-t-elle.

— Allez-y.

— Pierrot, ça vous évoque quoi ?

— Pierrot, l'amoureux de Colombine ? Eh bien, ça m'évoque... hum... la comédie italienne, une comptine pour enfants, un joli conte de Michel Tournier, des sucettes, la lune, les larmes...

— Les larmes ?

— C'est un peu le principe du personnage. Pierrot est une figure lunaire et tristounette, avec la larme à l'œil... Puis-je connaître la raison de cette question inattendue ? Cela aurait-il un rapport avec le jeu divinatoire offert par votre marraine ?

— À vrai dire, oui. J'ai finalement décidé de m'en servir. Et, pour mon premier tirage, je suis tombée sur une carte où on voit un Pierrot pleurnicheur. Mais je n'ai pas plus de précisions.

Adam réfléchit quelques instants.

— Peut-être que le jeu vous conseille tout simplement de pleurer, dit-il. Ce serait possible ?

— Oh, quelle horreur ! s'exclama Tara. J'espère bien que non !

— Ah bon, pourquoi ? demanda Adam, étonné.

— Parce que pleurer, ça ne sert à rien ! s'emporta Tara. Je trouverais lamentable que ce soit ça le message ! Quand il arrive une tuile, on l'encaisse. S'apitoyer, c'est une perte de temps !

— Vraiment, vous ne pleurez jamais ? questionna-t-il, de plus en plus étonné.

— Oh que non ! Quand je sens des pensées négatives ou déprimantes sur le point de m'envahir, je les mets de côté pour plus tard.

— Plus tard quand ?

— Je ne sais pas. Plus tard. Demain. La semaine prochaine. L'année prochaine…

— Alors ça vous fait un deuxième point commun avec Scarlett O'Hara. Elle traverse nombre d'épreuves et, comme vous, elle passe son temps à dire : *Je ne vais pas y penser maintenant. J'y penserai demain.*

— Et elle a drôlement raison, je vous le certifie !

— Alors je donne ma langue au chat car, à part chanter *Au clair de la lune* ou manger des confiseries, la seule action à laquelle Pierrot me fait penser est celle de pleurer à longs sanglots.

Tandis qu'elle réfléchissait aux paroles d'Adam, Tara sentit une peur sinueuse se faufiler dans son cœur. Et si, justement parce qu'elle ne se laissait jamais aller aux larmes, la carte cherchait réellement à l'inciter à pleurer ?

— Mais ce serait navrant que le jeu me pousse réellement à ça ! s'écria-t-elle. C'est tellement pitoyable de pleurer, j'ai toujours considéré que c'était une preuve de faiblesse.

— Ça permet au moins de laisser jaillir sa peine.

— La belle affaire ! Et comment s'y prend-on pour pleurer sur commande ? Vous, vous sauriez larmoyer spontanément ?

— Oh moi, il suffit que j'écoute du Chopin. Ça me file toujours un blues d'enfer.

Tara arbora un air peu emballé et garda le silence. Ils parvinrent devant la demeure de Louisiane.

— Bon, je vais voir comment je me dépatouille de cette affaire, conclut Tara. Eh bien, bonne soirée Adam, ajouta-t-elle en lui tendant la main. Et merci pour cet échange.

— Avec plaisir. Bonne soirée à vous, répondit-il en lui serrant délicatement les doigts. Et bon courage avec Pierrot.

Leurs paumes se séparèrent et elle rentra dans la maison.

Elle grignota une pomme et monta directement dans la pièce aux tarots. Elle s'assit à table et contempla de nouveau le dessin de la femme-Pierrot. Elle essaya d'y déceler des indices ayant pu lui échapper le matin, mais plus elle regardait l'image plus il lui paraissait flagrant qu'il ne pouvait être question que de cela. Elle ne voyait pas d'autre interprétation possible. La carte lui demandait bel et bien de pleurer.

Elle prit conscience qu'elle avait peur. Peur de se trouver fragilisée. Peur qu'à laisser la source jaillir elle ne parvînt plus à la tarir. Mais, tandis qu'elle regardait au fond d'elle, Tara s'aperçut que la peur n'était pas la seule sensation présente. Il y avait aussi, étrange constat, de la curiosité. Cela faisait si longtemps qu'elle n'avait plus laissé droit de passage à son chagrin. Un morceau d'elle se demandait ce que cela donnerait d'explorer les confins d'une tristesse sans cesse combattue.

— OK, le jeu, dit-elle en s'adressant au coffret de bois. Je vais relever le défi. Mais tu as plutôt intérêt à savoir ce que tu fais !

Elle se souvint de la suggestion d'Adam à propos des musiques mélancoliques, et alla chercher son iPod dans la chambre. Revenue dans la caverne aux tarots, elle choisit trois morceaux qu'elle trouvait spécialement émouvants : *Who Wants To Live Forever* de Queen, *Memories* de Barbra Streisand, et la *Masonic Funeral* de Mozart. Osiris, comme s'il sentait qu'un moment crucial se préparait, se faufila jusqu'à elle et grimpa sur ses genoux. Tara lança son lecteur.

Au début, rien ne se produisit. Elle écoutait la chanson de Queen, sensible à la beauté de la musique, mais l'émotion n'émergeait pas, comme si elle était retenue sous un couvercle. Alors Tara s'obligea à faire ce que, normalement, elle ne faisait jamais. Elle s'obligea à penser, sans plus aucun voile ni garde-feu, à toutes les souffrances de sa vie. Elle s'y appliqua avec méthode, et courage aussi, en inventoriant ses souvenirs les plus douloureux.

Se laissant entraîner par la voix de Freddie Mercury, elle se repassa les longues soirées moroses qu'elle avait vécues chez son père, juste après le divorce de Daisy et Stanislas. La rupture parentale avait été le premier grand choc de sa vie, un éboulement complet, une fracture irrémédiable, l'année de ses 13 ans. Le monde s'était coupé en deux. Au sens propre et au sens figuré. Il y avait eu deux foyers à habiter, deux espaces-temps, séparés suffisamment équitablement pour qu'elle pût voir *autant* son père que sa mère, mais plus jamais l'un et l'autre *ensemble.* Tout était en double, la maison, les affaires, les cadeaux, les anniversaires. Mais Tara n'y avait pas gagné, ne vivant plus que des moitiés d'existence.

La jeune femme sentit ses yeux s'humecter et, pour la première fois depuis des lustres, elle se força à ne rien faire pour freiner le processus. Au contraire, elle gratta plus fort dans sa mémoire. À cause du divorce de ses parents, elle avait grandi en se jurant qu'elle se marierait et vivrait avec le même homme toute sa vie. Mais le destin, apparemment, ne l'entendait pas de cette oreille.

Dans les écouteurs, Barbra succéda à Freddie et, grave et désenchantée, psalmodia un bonheur passé, que les limbes avaient englouti. Tara pensa à Victor. Elle revit leur rencontre, sur le plateau du talk-show pour lequel elle travaillait en tant que styliste. Elle avait alors 25 ans, Victor en avait sept de plus. Ce fut le coup de foudre. Elle avait eu la sensation qu'il était celui avec lequel elle pourrait créer la légende amoureuse dont elle rêvait. Il était si charismatique qu'elle se voyait sans peine amoureuse de lui jusqu'à la fin de ses jours. Et l'alchimie entre eux avait été d'emblée si forte qu'une vie entière paraissait insuffisante pour étancher la soif qu'ils avaient l'un de l'autre et la faim qu'ils avaient de bâtir de grands projets côte à côte.

Une première larme se mit à couler, suivie par sa jumelle. Barbra continuait à s'époumoner, comme pour encourager Tara. Bravement, la jeune femme persévéra, brassant les éléments de son histoire. Elle se souvint du soir où Victor, dans un restaurant avenue George-V, lui avait proposé d'animer *MyBeauty*, l'émission qu'il s'apprêtait à lancer sur une chaîne du câble. Puis elle se souvint du soir, trois mois plus tard où, dans le même restaurant, il l'avait demandée en mariage.

De nouvelles larmes, plus abondantes, se mirent à dévaler sur ses joues. Elle revit la première nuit qu'ils avaient passée avenue Foch, une nuit de champagne et de sauvagerie charnelle, où ils s'étaient hurlé qu'ils s'aimaient et s'étaient juré que rien, jamais, ne leur serait impossible. Comme elle aurait voulu pouvoir revenir à cette nuit-là ! Tout recommencer, tout réparer, tout réécrire !

Barbra se tut, et Amadeus fit entendre les premières notes de sa *Masonic Funeral*. Tara, la face inondée, persista à faire défiler ses souvenirs. Maintenant qu'elle avait commencé, il fallait aller jusqu'au bout, expurger les peines une fois pour toutes.

Elle était de retour dans son passé, elle se projetait avenue Foch, retrouvait tous les détails de cette vie qu'elle avait crue idéale. Pourtant, tout n'était pas si rose. Elle se remémora les longues heures de tournage pour *MyBeauty*. Le travail avait absorbé son quotidien, annexé son mariage. L'obligation avait remplacé l'enthousiasme. La légende amoureuse et télévisuelle avait dérivé vers des récifs escarpés. Et le drame était advenu.

Les violons de Wolfgang s'envolèrent et Tara fut prise de violents sanglots. Les larmes amenaient d'autres larmes. La jeune femme reniflait et gémissait sourdement, le visage tordu de pleurs. Elle revit le jour où, chez son gynécologue rue de Longchamp, elle avait appris qu'elle était enceinte. Combien elle avait été embarrassée par cette nouvelle ! Ils voulaient des enfants, mais ils n'en voulaient pas si tôt. *MyBeauty* occupait leur vie et leur laissait trop peu de place pour un bébé de chair. Pourtant, dès que son ventre avait commencé à gonfler, un ardent amour maternel l'avait saisie, et ce petit, elle s'était mise à le désirer plus que tout. Mais, trop consciencieuse ou trop inconsciente, elle avait tenu à continuer les tournages harassants imposés par l'émission. À ses parents qui l'exhortaient à prendre soin d'elle, elle avait promis d'arrêter de travailler à son sixième mois. Et puis, un soir, il y avait eu les douleurs, les saignements, les urgences.

Tara avait maintenant le visage barbouillé de mascara et baigné de gouttes salées lui brûlant la peau. Elles tombaient sur le pelage sombre du chat qui, solidaire, ne bronchait pas et prodiguait inlassablement ses ronrons.

La fausse couche avait tranché sa vie au sabre. Et, juste après l'opération, on lui avait annoncé qu'elle ne pourrait plus avoir d'enfants.

Elle laissa échapper une plainte de bête blessée. Contredisant toute tentative de cicatrisation, elle voyait la plaie se rouvrir, insupportable, la ramenant à la cruelle vérité de son ventre vide, qui ne protégerait jamais nulle vie.

Son esprit repartit treize années en arrière. À sa sortie de l'hôpital, elle était venue chez Louisiane se remettre de l'épreuve atroce. Suite à cet épisode, alors qu'elle aurait eu tant besoin de lui, Victor s'était éloigné d'elle, se tournant vers d'autres femmes, d'autres bras, d'autres couches. La première fois que Tara s'en était rendu compte, c'est de nouveau dans le giron de sa marraine qu'elle était venue se réfugier. Puis elle avait fini par se résigner. Et, les fois suivantes, c'est dans le travail qu'elle avait noyé ses désillusions. Et le bonheur était mort définitivement, en même temps que son enfant disparu.

Le dos courbé, les doigts bredouillants, le cœur cassé, Tara contemplait les fragments brisés de son histoire. Elle laissait sa peine profonde se déverser, comme autant de coutures qui craquent. Emportée par les partitions de Mozart, elle pleura longtemps, sans arrêt, sans trêve.

Au bout d'une éternité, épuisée de sanglots et de tremblements, elle sentit le calme revenir doucement, comme un ciel bleu troue les nuages opaques après la tempête. Elle reprit peu à peu son souffle. Les pleurs cessèrent, ses joues s'asséchèrent. Exsangue, vidée des chagrins de sa vie, Tara fit alors le constat incroyable, inconcevable, impossible, qu'elle se sentait… mieux. L'averse bouillonnante s'était enfin écoulée, et son âme s'en trouvait libérée.

N'en revenant pas, Tara resta hagarde et muette durant de longues minutes. Elle se moucha, plusieurs fois, et se massa les paupières. Puis, elle jeta un coup d'œil à la carte qu'elle avait tirée, et vit que celle-ci était en train de changer d'apparence.

10

Ta colère va grandissant, géante, violente,
ta furie dévaste le temps.

(Barbara – *La Colère*)

Sous le dessin de la femme en Pierrot, une croix bleue venait d'apparaître. Incrédule, Tara saisit la carte, l'approcha de ses yeux écarquillés. Elle se souvint que la notice mentionnait que ce phénomène était censé se produire et qu'il validait l'action qui avait été menée. Mais c'était une chose de le lire dans un mode d'emploi, et c'en était une autre d'en être le témoin. L'idée que ce jeu pût se rendre compte que l'action avait été posée, et qu'il eût suffisamment de conscience pour décider de la récompenser d'une croix, était pour le moins flippante. Cela donnait presque la sensation d'un jeu hanté, observant tout à la façon d'un œil de Caïn. Cette pensée mit Tara mal à l'aise.

Voulant se rassurer, elle prit la lettre que lui avait laissée sa marraine dans le coffret. Pour Louisiane, il ne faisait nul doute que le jeu était magique, et Ozia semblait concevoir cela sans la moindre crainte ni la moindre défiance. Pour Tara, qui avait déjà eu du mal à accepter le principe d'un jeu enchanté, il était compliqué d'intégrer autant de manifestations irrationnelles sans en éprouver une certaine angoisse.

En finissant d'essuyer son nez rougi, la jeune femme réfléchit. Au bout du compte, elle réalisa qu'elle avait deux options. Soit elle laissait la panique la gagner, et elle refermait ce coffret pour ne plus jamais y toucher – et elle suggérerait à Louisiane, pour de prochains cadeaux, de plutôt taper dans la boîte de chocolats ou le bijou fantaisie. Soit elle faisait confiance à son incroyable marraine, acceptait la part bluffante et impénétrable de ce jeu, et elle se laissait porter par cette odyssée.

À peine eut-elle formulé ces deux options dans son esprit, qu'elle sut bien évidemment laquelle elle suivrait. Maintenant que la partie était lancée, il fallait la mener à son terme, même si cela impliquait d'avoir à se pincer à chaque fois qu'un nouveau prodige aurait lieu.

Dans l'iPod, la musique avait cessé, et Tara retira les écouteurs de ses oreilles. Elle alla chercher dans la chambre un petit calepin et un stylo quatre couleurs qu'elle rangeait dans son sac, puis revint dans la pièce aux tarots. Elle ouvrit le carnet et inscrivit en haut de la page :

Journal de bord de mon odyssée.

Sur la ligne d'en dessous, elle écrivit :

Premier tirage : j'ai exprimé ma tristesse. Et je me sens soulagée, finalement, d'avoir laissé mes larmes écouler leur rivière hors de moi. Je crois même que j'en avais bien besoin.

Ces mots l'emplirent d'une profonde sensation de puissance et de force. Ce soir, elle avait regardé ses peines profondes en face et elle avait survécu aux déferlantes. *Odissea* avait vu juste en lui prescrivant les larmes de Pierrot. Aussi hallucinante que fût cette histoire, ce jeu était apparemment de son côté et voulait son bien. Tara avait franchi un grand pas. Elle pouvait en être fière.

Posant son stylo, elle plaça la carte à côté de la boîte, et renonça à se lancer dans un deuxième tirage. Elle avait eu assez d'émotions pour la soirée. Une bonne nuit de sommeil profiterait à ses sinus et à ses yeux noyés.

Elle se mit au lit, le chat noir collé contre elle. Et dans la chambre tranquille, d'où filtrait par les volets la lumière de la lune presque pleine, la femme et le félin dormirent paisiblement jusqu'aux lueurs du jour revenu.

Sitôt réveillée, Tara commença par aller vérifier l'état de son visage. Ses yeux gardaient une légère bouffissure de ses exploits lacrymaux de la veille. Elle appliqua une lotion astringente ainsi que deux compresses sur ses paupières. Ces soins effectués, elle se rendit directement dans la caverne aux tarots. Elle avait à la fois hâte et peur du prochain tirage. Après s'être concentrée devant les cartes étalées, elle en piocha une, puis, les lèvres pressées l'une contre l'autre, elle attendit, en retenant son souffle, que l'image se révélât.

Le dessin qui, bientôt, apparut, montrait une jeune fille, ressemblant à une impératrice chinoise, qui luttait contre un féroce dragon rouge. La carte éveilla immédiatement une résonance en Tara. Elle lui rappelait un conte que lui lisait son père lorsqu'elle était enfant, dans lequel une jeune souveraine de Chine devait affronter un dragon colérique. Lors du combat, l'impératrice comprenait que ce dragon symbolisait sa propre colère intérieure, qu'elle refusait de regarder en face et à laquelle il lui fallait pourtant se confronter.

Cela ne pouvait pas être une coïncidence. La règle du jeu stipulait que Tara devait être attentive à tout ce que lui évoquait l'image sans rien attribuer au hasard. Or, si elle en croyait son intuition, cette carte était donc en train de lui suggérer d'affronter sa colère.

Aïe aïe aïe, là, ça se corsait ! Depuis toujours, pour Tara, la colère, celle qui brame, éructe et vocifère, était un état méprisable et improductif. Elle pouvait priser l'idée d'une rage froide, vengeresse, tranchante. Mais la fièvre écarlate qui gonfle les veines et s'exprime par hurlements, celle-là, elle l'avait en horreur ; pour elle, ce genre de démonstration bruyante montrait que l'on n'était pas maître de soi et, partant, que l'on était d'un tempérament friable. Aussi le présent tirage s'annonçait-il épineux. Certes, la veille, Tara avait bien réussi à pleurer, elle qui ne pleurait jamais. Mais se confronter à sa colère promettait d'être une mission encore plus périlleuse, encore plus inconfortable, encore plus incertaine.

Songeuse, Tara descendit à la cuisine pour nourrir Osiris et se préparer un thé. Sa tasse en main, elle alla contempler les croquis qu'elle avait tracés la veille sur la table de la salle à manger. La prolificité de son crayon la surprenait, et la ravissait également. Les chapeaux qu'elle avait inventés étaient délicieux, et elle aurait craqué si elle les avait vus dans une vitrine de modiste. Elle résolut qu'elle continuerait, les jours suivants, à dessiner. Cette perspective lui plut infiniment.

À ce moment-là, on frappa à la porte. Tara fut persuadée qu'il s'agissait d'Adam et ne sut pas, à la seconde même, si l'idée lui créait un sentiment de plaisir ou de déplaisir. Mais ce n'était pas lui derrière la porte. C'était Mindy, la factrice.

— Bonjour bonjour ! clama la petite blonde. Je ne vous dérange pas longtemps. Je voulais juste savoir si vous aviez des nouvelles du vieux Jacob.

— Vous ne l'avez pas vu ? s'inquiéta Tara.

— Non, mais je ne le vois jamais le matin. Je passe toujours à l'heure où il fait sa promenade. Alors, ça ne change pas de d'habitude.

— D'accord, souffla Tara, rassurée. Moi, je lui ai rendu visite hier soir et il allait très bien.

— Eh ben, tant mieux ! Ça m'aurait peinée qu'il lui arrive du mal, à ce papy ! Et vous, ça va ? Vous arrivez à prendre du bon temps ?

— Oui, je me repose, c'est agréable.

— À la bonne heure !

Après ce bref échange, elles se souhaitèrent une bonne journée. Mindy remonta sur sa bicyclette, et Tara retourna dans le salon pour ranger ses dessins.

Deux minutes ne s'étaient pas écoulées que l'on toqua de nouveau à la porte. Tara pensa aussitôt que la factrice avait oublié de lui dire quelque chose, et vint lui ouvrir. Mais ce n'était pas Mindy, cette fois, qui avait sonné, c'était Adam. Il portait une chemise verte, un pantalon à bretelles en velours côtelé, et une casquette en tissu écossais. Grands dieux, cet homme n'avait décidément aucun goût en matière vestimentaire !

— Monsieur Marchal, vous ici ! lança Tara, ironique. Vous ne travaillez donc jamais ?

— Bien sûr que si ! Justement, j'y vais. Je passais juste vous saluer. Et aussi vous demander si vous accepteriez de déjeuner avec moi.

Elle le regarda, surprise par cette proposition qu'il lui adressait d'un ton franc et courtois, dans laquelle elle ne décela pas la moindre once de séduction sous-jacente.

— Je vous ai expliqué que je n'ai pas besoin de chaperon, lança-t-elle.

— Je ne l'ai pas oublié. Et je vous invite sans façon, comme je l'aurais fait avec Louisiane. Amicalement, en tout bien tout honneur.

— De toute façon, rétorqua-t-elle avec une ironie néanmoins souriante, si c'était autrement, vous perdriez votre temps parce que vous n'êtes vraiment pas mon genre.

— J'avais cru comprendre, enchaîna-t-il sans s'offusquer. Comme ça, c'est officiel. Alors, ce déjeuner ?

Tara accepta l'invitation. Après tout, que risquait-elle ? Et puis, la compagnie de cet homme n'était pas désagréable, contrairement à ce qu'elle en avait pensé au premier abord. Il pourrait peut-être aussi lui apporter de judicieuses idées pour la deuxième carte tirée, comme il l'avait fait pour le premier tirage.

Il lui donna rendez-vous à 12 h 30 à la crêperie du port. La jeune femme profita de sa matinée pour aller faire des courses. Elle s'acheta notamment des feuilles à dessin, des crayons de couleur et des feutres pour ses croquis de chapelière en herbe.

Elle fit son entrée dans la crêperie *Les folies de Bécassine* à 12 h 40. L'endroit était plein de décorations à l'effigie de la plus célèbre gourde bretonne de la bande dessinée. Adam était déjà installé, menu en main.

— Excusez-moi, je suis un peu en retard, dit Tara juste pour la forme, en s'asseyant en face de lui. J'avais des achats à faire.

— Pas de problème, j'en ai profité pour boire un jus de tomates. Vous voulez un apéritif ?

— Non merci, ça ira.

Elle jeta un coup d'œil à la carte.

— Que prendrez-vous ? demanda Adam.

— La galette végétarienne.

— Vous l'êtes ?

— Quoi donc ?

— Végétarienne.

— Disons que je ne mange pas de viande.

— C'est souvent comme ça qu'on définit le végétarisme, dit-il avec un sourire taquin.

— Oui, évidemment. Mais en fait, c'est parce que je n'aime pas ça. La viande et les laitages, ça m'a toujours dégoûtée, je ne sais pas pourquoi. Je n'en mange jamais. Et vous, vous prenez quoi ?

— La galette chèvre et miel.

Le serveur prit la commande et remporta les menus.

— Alors, dites-moi, c'est quoi votre genre ? questionna Adam dans un sourire.

— Mon genre de quoi ? répliqua Tara, un peu désorientée.

— Votre genre d'homme. Ce matin, vous m'avez dit que je n'étais pas du tout votre type. Mais comme je suis curieux, je voudrais juste savoir quel est ce type.

Tara eut un sursaut estomaqué. Si ça, ce n'était pas de la drague balourde ! Mais, de nouveau, elle ne décela dans l'œil de cet homme aucune insinuation enjôleuse. Il posait *vraiment* la question. Du premier degré pur.

— Alexander Skarsgård, répondit-elle donc.

— Qui est-ce ? demanda Adam ingénument.

— L'acteur qui jouait dans le dernier *Tarzan* !

— À quoi ressemble-t-il ?

— Un super beau mec, grand, blond, musclé…

— Votre mari était comme ça ?

— Non, Victor, c'était plutôt le genre play-boy ténébreux qui prend de la brioche avec l'âge. Mais justement. Je recherche l'opposé. Enfin, non d'ailleurs, je ne recherche pas, je ne recherche rien… Et vous, c'est quoi votre genre ? balança-t-elle pour ne pas être en reste, et en laissant traîner une once de condescendance dans la façon dont elle prononçait le dernier mot.

— Moi, je n'ai pas de genre, je ne joue pas les Swann.

— Swann ?

— C'est un personnage de Proust. Très féru d'un certain genre de femme. Jusqu'au jour où il tombe amoureux de l'exact contraire de son genre théorique.

— Et ça se passe bien ?

— Non, pas vraiment. À la fin du livre, Swann se demande même comment il a pu s'enticher d'une femme qui était aussi éloignée de ses idéaux initiaux.

Les plats arrivèrent.

— Je voulais vous demander, commença Adam en attaquant sa galette, votre marraine et vous, vous êtes de la même famille ?

— Pas du tout. C'est la meilleure amie de ma mère. Leur amitié m'a d'ailleurs toujours sidérée, elles sont si différentes.

— On dit que les contraires s'attirent.

— Possible. Mais surprenant quand même. J'ai rarement vu deux femmes aux aspirations et centres d'intérêt tellement dissemblables. Par exemple, pendant qu'Ozia se consacrait à ses voyages humanitaires, ma mère, elle, ne rêvait que de faire un beau mariage.

— C'est un rêve assez répandu, commenta Adam dans un sourire. L'a-t-elle réalisé ?

— Si on veut. Elle travaillait chez un maroquinier avenue de l'Opéra. Un jour, un client est entré qui cherchait un portefeuille en cuir. C'était mon père. Ils se sont mariés. Je suis née. Et voilà comment Louisiane s'est retrouvée marraine.

— Elle vivait à Paris à cette époque-là ?

— Oui.

— Et qu'est-ce qui a fait qu'elle est venue s'installer ici ?

— Je n'en sais trop rien. Tout à coup, elle est partie. Elle avait apparemment besoin de retrouver la mer, le ciel, la nature. C'est du moins ce qu'elle a expliqué. Mais vous savez, même pour moi, elle conserve sa part de mystère.

Tara repensa soudain à la photo de l'inconnu trouvée dans l'album d'Ozia. Elle l'avait un peu oubliée ces dernières heures, mais le fait d'y songer réattisa immédiatement sa curiosité. Il allait vraiment falloir mener l'enquête à ce sujet.

— Et vous ? demanda-t-elle. Êtes-vous très proche de Louisiane ?

— Très proche, non. Nous nous vouvoyons et avons chacun notre vie. Mais, souvent, elle m'invite pour le thé ou passe me voir à la librairie. J'ai beaucoup d'estime pour elle et j'ai lu tous ses livres. C'est une femme hors normes. Il y a chez elle une espèce de magie qui fait que l'on se sent bien en sa présence, protégé de tout. Au moment où ma femme a disparu, elle m'a beaucoup aidé.

Ses yeux partirent dans le vague. Tara, embarrassée, ne sut pas quoi ajouter. Ils restèrent un moment silencieux. Puis, Adam se reprit, et dit :

— Et où en êtes-vous avec votre énigme de Pierrot ?

— Vous aviez vu juste, il s'agissait bien d'une histoire de larmes.

— Et vous vous en êtes sortie ?

— Oui plutôt.

— Mais quel est exactement le principe de ce jeu ?

— Eh bien, commença Tara qui ne voulait pas donner trop de détails, je tire une carte. Elle me présente un dessin dont je dois saisir la signification. Et, ensuite, je n'ai plus qu'à réfléchir à la thématique soulevée et en tirer un genre d'enseignement. Voilà.

— Je comprends. Avez-vous tiré une nouvelle carte ?

— Oui, j'ai maintenant une nouvelle énigme à résoudre où il est question d'exprimer sa colère. Or, comme je n'ai pas pour habitude de défouler ma rage, je ne sais pas du tout comment m'y prendre pour extérioriser cette émotion…

— Essayez le coup de l'oreiller. C'est très efficace.

— Le coup de l'oreiller ?

— Quand vous êtes bien en pétard, vous prenez un oreiller et vous le frappez contre un mur ou un meuble. Ça marche très bien pour évacuer la rogne.

Tara hocha la tête, avec la ferme intention de se souvenir du conseil.

Leurs assiettes terminées, ils burent un café ensemble, puis Adam partit rejoindre sa librairie.

— Merci pour le déjeuner, dit Tara. C'était très agréable.

— Pour moi aussi.

Il ne chercha pas à lui faire la bise, ce qui arrangea plutôt la jeune femme. Il se contenta de lui souhaiter un bon après-midi, tandis que sa main venait lui toucher le bras. De ses doigts, il effectua une légère pression pour marquer l'au revoir. Puis il se détourna et, de sa démarche posée, prit le chemin de sa boutique.

En rentrant rue de la Dame-Blanche, Tara songea qu'elle était arrivée sur l'île avec l'intention d'entamer une retraite d'ermite. Or, le hasard, comme pour égayer son hibernation estivale, lui avait envoyé des rencontres imprévues : Mindy, Jacob, Adam. En ce qui concernait ce dernier, la jeune femme devait reconnaître que, bizarrement, elle trouvait plaisants les échanges qu'elle avait avec ce curieux personnage. Il portait un regard profond sur les êtres et sur la vie. Une douceur reposante émanait de lui. Il était si différent de Victor. Il l'écoutait *vraiment*, sans la juger, avec une curiosité non feinte. En sa présence, elle avait l'impression de pouvoir être elle, juste elle, sans chercher à paraître sous son meilleur jour. Ils pouvaient parler de tout. Jamais, avec son mari, elle n'aurait pu discuter de jeu divinatoire, évoquer Proust ou imaginer des astuces pour exprimer sa colère. Victor avait l'esprit trop préoccupé par ses impératifs de producteur. Il n'aurait eu ni le temps ni l'envie d'aborder ce genre de sujets. Alors, oui, la présence d'Adam était rafraîchissante. Et Tara trouvait rassurant de savoir qu'elle pouvait cisailler sa solitude insulaire quand bon lui semblait avec cet homme, dont le comportement neutre et bienveillant était aux antipodes de son ancien aréopage d'admirateurs.

Une fois à la maison, elle commença par installer son « atelier ». Elle réorienta légèrement la table de la salle à manger pour que celle-ci reçût encore mieux la lumière du soleil, puis elle disposa ses achats du matin. Feuilles, crayons, feutres : désormais le matériel complet était prêt, une création sérieuse allait pouvoir commencer !

L'atelier organisé, la jeune femme se sentit d'attaque pour aller affronter son dragon intérieur. Suivant le conseil d'Adam, elle monta à l'étage se munir des deux accessoires dont elle aurait besoin : un oreiller et son iPod. Puis, elle se rendit dans le jardin, à l'arrière de la maison, côté océan, où personne ne pourrait la voir. Osiris, qui dormait allongé sur un rocher en plein soleil, ouvrit un œil et redressa la tête, nonchalant superviseur de la scène. Tara décida de procéder de la même façon que la veille. Elle choisit trois chansons galvanisantes : *Sunday Bloody Sunday* de U2, *Love on the Beat* de Serge Gainsbourg, et *Blow Me* de Pink. Prête, elle agrippa l'oreiller par un coin.

Les premières notes de *Sunday Bloody Sunday* se firent entendre. Tara, dans un premier temps, resta figée, son coussin en main. Un volcan n'éruptionne pas sur commande. Comme le jour d'avant, elle eut à aller chercher au fond d'elle. Sa rage, elle devait la provoquer, la faire sortir de sa crypte.

Elle chercha la première cible. La plus facile. Dans son âme, elle gonfla la haine qu'elle ressentait pour Victor et Sherry. Elle imagina le regard bleu de l'un, les boucles peroxydées de l'autre, les vit face à elle.

Porté par deux bras punitifs, l'oreiller s'éleva. Le geste fut violent, sec, précis, et le choc fit naître un bruit de claquement de fouet. Tara frappa une deuxième fois. Puis une troisième. Puis le mouvement devint régulier, Tara ponctuant chaque volée d'un rugissement carnassier. Elle aurait voulu n'être que griffes et crocs, et pouvoir sauter à la carotide de son mari et de sa bimbo. Une animalité archaïque prenait possession de ses atomes.

Puis Bono se tut, et la rythmique de Gainsbarre explosa, ponctuée de hurlements féminins. Tara changea alors de point de mire et pensa à sa mère. Serge, pour l'enflammer, susurrait des propos salaces sur un tempo d'enfer. Tara enleva tout le coton qui pouvait habituellement ouater sa rancœur contre sa mère en la conservant dans des zones familialement acceptables. Elle regarda Daisy comme la femme égoïste, infidèle, volage, futile, gorgée d'elle-même que Tara avait toujours pensé qu'elle était. Cette femme avait abandonné Stanislas, anéanti le bonheur du Mont-Thabor, ruiné l'enfance de sa fille.

L'excitation de Gainsbourg et la colère de Tara *crescendèrent* à même allure.

— Salope ! Salope ! Salope ! SALOPE ! scanda-t-elle bientôt, à même cadence que celle des coups portés contre le mur.

Dans la chanson, la fille glapissait, attisant la brutalité de Tara, qui continuait de plus belle à flageller les pierres.

Et un étrange phénomène se produisit. Inattendu. Le déversement impétueux, que n'endiguait plus désormais aucun barrage, se rua soudain… sur Stanislas. À lui aussi, Tara, tout à coup, en voulait, et en voulait même *énormément*. Parce qu'il n'avait pas su garder la femme de sa vie, ni se montrer suffisamment adroit et charismatique pour la conserver amoureuse et comblée. Parce qu'il n'avait pas su protéger sa fille de l'éclatement du foyer originel. Parce qu'il était resté ce vieux solitaire épris d'une absente, que tout le monde regardait avec pitié. Tara elle-même avait eu tendance à toujours considérer son père comme une victime. Aujourd'hui, sa fureur posait un verdict plus âpre. Daisy avait été celle qui trahit, mais Stan, face à elle, avait été mou, faible, résigné. Trop complaisant. Trop peu viril. La violence éperonnée par ces amères constatations, Tara cogna de toutes ses forces l'angle de pierre.

Et lorsque Gainsbourg céda la place à Pink, la jeune femme avait les joues en feu et le cœur au galop. Elle entendit la voix électrisante de la chanteuse blonde, et sa furie, qui s'écoulait toujours, se tourna alors contre sa propre existence, contre sa propre personne. Après avoir passé sa vie à vanter des produits de beauté sur les chaînes de télévision, à être portée aux nues pour ses attributs esthétiques, qu'elle en avait donc marre de son état de poupée peinturlurée ! Qu'elle en avait assez de devoir toujours paraître belle et sans défaut ! Elle s'était laissé détourner de ses ambitions premières, avait oublié ses désirs profonds, aveuglée qu'elle était par l'admiration sans bornes qu'elle éprouvait pour Victor et par l'obsession de créer, avec lui, une légende indestructible d'amour et de succès. Un tel écart s'était creusé entre Tara Volt, femme fardée, ambitieuse, arrogante, et une autre Tara, cachée à l'intérieur d'elle-même, dont les rêves d'enfant, en réalité, se moquaient bien des cosmétiques et du monde du show-biz !

La foudre envahit chacun de ses atomes, et Tara cria sa hargne, elle beugla son indignation. Les coups continuèrent à pleuvoir, frénétiques. Et cela dura jusqu'au moment où l'oreiller éclata contre les pierres, déversant un torrent de plumes.

Tara lâcha le coussin éventré et resta les bras ballants, à bout de souffle. Une joie violente se répandit alors dans tout son corps. Elle avait réussi : elle s'était mise en colère ! Une colère primale, organique, rédemptrice. Elle se sentait complètement vidée, et, en même temps, impressionnée par l'énergie qu'elle avait déployée. Elle avait évacué la lave qui bouillait en elle, et cela, à sa grande surprise, s'avérait être un acte salvateur. Osiris, lui, contemplait le spectacle d'un œil placide.

La jeune femme alla jeter les restes de l'oreiller martyrisé, puis elle monta avec hâte regarder la carte de l'impératrice. Elle espérait y voir une belle croix bleue, mais celle-ci brillait par son absence. Tara lâcha un soupir de déception. La crise de rage n'avait donc pas suffi ? Quel autre moyen avait-elle d'exprimer sa colère ?

À cet instant, son portable vibra. « Quid des affaires que tu as laissées avenue Foch ? » demandait Victor par texto.

Son premier élan fut de refermer son téléphone et de ne pas répondre. Mais, aussitôt, elle eut une autre idée. Il lui était bien demandé de laisser sortir sa colère, n'est-ce pas ? Eh bien, elle allait sortir, et maintenant ! Elle composa le numéro de son mari.

— Je suis content de t'entendre, dit celui-ci en décrochant. Je croyais que tu ne voulais plus me parler.

— C'est le cas. Mais, malgré tout, je dois te dire une chose importante. Par orgueil, je ne voulais pas l'exprimer. Je voulais te montrer que je suis une femme forte et que je me contrefiche que tu me quittes pour une greluche qui pourrait être ta fille.

— Sherry n'est pas…

— Non, Victor, laisse-moi parler, bon sang ! le coupa-t-elle, véhémente. Je me doute que, toi, tu ne la considères pas comme une greluche, mais on s'en fout, là n'est pas la question. Ce que je voulais te dire, c'est que je suis en colère. Terriblement en colère ! Contre toi qui, aujourd'hui, me trouves trop vieille ! Et contre moi, qui n'ai pas su maîtriser ma propre existence !

— Je ne te trouve pas trop vieille. Ça n'a rien à voir.

— Oh, je t'en prie, pas d'hypocrisie ! Pas entre nous !

— Mais c'est vrai. Ce n'est pas toi ou ton âge qui êtes en cause. Ça fait des années que ça végète entre nous.

— Charmante façon de le dire !

— Que ça ne va plus très bien, si tu préfères.

— C'était une raison pour te débarrasser de moi comme d'un vieux Kleenex ?

— Tara, je n'ai pas choisi que les choses se passent comme ça. Je ne pensais pas que j'aimerais Sherry aussi fort. Et, je te l'ai dit, en ce qui concerne l'émission, je vais t'aider financièrement, et je peux te proposer d'autres concepts, d'autres shows. Je n'ai jamais souhaité t'humilier ou…

— Tout ça, c'est du baratin ! Tes concepts et tes shows, tu peux te les garder ! Tu aurais dû t'y prendre un peu plus en douceur : tu t'es conduit comme le dernier des mufles ! Et je pèse mes mots.

— D'accord, je conçois que j'aie pu mal agir. Je comprends que tu sois en colère. Et même, je suis content que tu me dises que tu es en colère. Ces dernières années, tu n'exprimais plus rien. Ni amour, ni colère, ni peine, ni joie. Rien. Je te voyais toujours aussi lumineuse à l'écran, mais dans la vie, sous le fard de ton visage, je ne trouvais plus rien, plus d'émotions.

Tara se tut. Sur ce point, Victor n'avait pas tort. Ces dernières années, elle était devenue un automate. Pendant que lui se consolait de la perte de leur enfant en multipliant les liaisons, elle avait retranché ses sentiments derrière une armure blindée.

Et ainsi, chacun, à sa façon, avait participé à la déconstruction de leur histoire.

— Je vais devoir raccrocher, dit Victor. Pour tes affaires, je fais quoi ?

— Mets-les dans des cartons et fais-les livrer chez mon père, trancha-t-elle avant de raccrocher.

L'humeur d'abord acide, Tara sentit soudain son aigreur se disperser. Elle avait osé dire ce qu'elle ressentait à Victor. Sans bravade, sans malveillance, sans vitriol. Juste ce qu'elle ressentait, sincèrement, simplement. Le magma qui la consumait de l'intérieur était hors d'elle à présent, elle l'avait envoyé sur les épaules de monsieur Volt. À lui d'en faire ce qu'il voudrait. Tara, elle, était soulagée d'un grand poids. Était-ce cela qu'avait voulu l'arcane ? Promptement, la jeune femme se retourna vers la carte.

11

Hab'nen Luftballon gefunden,
denk' an dich und lass' ihn fliegen[1].

(Nena – *99 Luftballons*)

Sous l'impératrice au dragon, une petite croix bleue approbatrice venait d'apparaître. Le cœur gonflé d'une vive satisfaction, Tara saisit son carnet et nota :

Deuxième tirage : j'ai assumé ma colère. Contrairement à ce que je croyais, j'en avais beaucoup en moi, et même contre papa à qui je ne pensais pas en vouloir. Je me sens libérée.

Reposant son stylo, elle songea que ce jeu *Odissea* était vraiment extraordinaire, et qu'il l'avait embarquée dans une aventure qui ne l'était pas moins. Elle commençait à prendre ses marques, et jugeait même qu'elle s'en tirait plutôt bien, ayant réussi à obtenir ses deux premières croix bleues. En outre, les actions préconisées par les cartes se révélaient bénéfiques pour elle. Plus la partie avançait, plus ses appréhensions initiales s'estompaient.

La soirée étant déjà bien entamée, elle décida de ne pas se lancer dans un troisième tirage avant le jour suivant.

1 J'ai trouvé un ballon, je pense à toi et je le laisse s'envoler.

Le lendemain matin, vêtue d'une robe en soie bleue, Tara vint s'asseoir dans la caverne aux tarots pour choisir sa troisième lame. Au bout de quelques instants, l'image se dessina, laissant apparaître la silhouette d'une femme vêtue de noir, dont les mains ouvertes lâchaient un ballon rouge s'envolant vers le ciel.

Tara sentit confusément que le dessin lui évoquait quelque chose, mais elle eut beau fouiller dans sa mémoire, elle ne parvint pas à retrouver le souvenir exact. Elle chercha encore, pendant plusieurs minutes. En pure perte. Sagement, elle résolut de ne pas s'acharner à capturer ce qui, pour l'heure, était en fuite, et de se concentrer sur autre chose en attendant. L'autre chose en question était d'ailleurs toute trouvée. Elle redescendit les escaliers d'un pas léger, l'ondoiement soyeux de sa robe accompagnant chaque mouvement de ses hanches.

Une fois dans le salon, elle s'avança avec un enjouement grandissant vers son atelier. Le soleil lui avait chauffé la place et lui tendait avec délicatesse ses rayons. Elle s'installa à la grande table. Comme l'avant-veille, l'inspiration ne fut pas longue à s'emparer de son poignet. Et, grâce aujourd'hui à son matériel flambant neuf, la jeune femme pouvait dessiner en couleurs, incorporer des nuances, des dégradés, des notes flashy à ses créations.

Pour briser le silence qui emplissait la pièce, elle alluma la télé et suivit d'une oreille distraite une série policière américaine. Voulant participer à l'acte productif, Osiris vint patouiller parmi les feuilles griffonnées qui jonchaient la table.

— Oh non, mon chat, attention ! s'écria Tara. Je travaille, là ! N'abîme pas mes dessins !

Pendant que le félin, obéissant, s'en allait faire ses griffes sur son arbre à chat dans un coin du salon, Tara fut soudain frappée par ce qu'elle venait de dire. Elle avait employé le terme de « travail » pour qualifier son occupation. Ce mot était spontanément sorti de sa gorge, et elle croquait en effet ses chapeaux avec autant de zèle et d'application que s'il se fût agi de son vrai métier.

Arrêtant de dessiner, la jeune femme posa son menton sur sa paume et resta pensive pendant quelques instants. À la télé, un bandeau publicitaire s'amorça. Sans prêter attention aux images qui défilaient, Tara se prit à rêver. Elle s'imagina ouvrant une boutique de modiste, se vit derrière un majestueux comptoir Empire, entourée de créations féeriques, subtilement mises en valeur par une décoration à la fois chic et intemporelle. Un sourire ravi s'installa sur son visage. À l'écran, l'actrice Eva Longoria vantait les mérites d'une coloration ton sur ton. D'abord indifférents, les yeux de Tara se braquèrent avec une subite attention sur la bombe sexuelle latino-américaine. Et, tout à coup, remontant comme une bulle de champagne à la surface, le souvenir qu'elle cherchait à repêcher depuis le matin lui revint.

Ce que lui évoquait la carte au ballon, c'était une scène de la série *Desperate Housewives* dans laquelle jouait la même Eva Longoria. Tara s'était acheté l'intégrale en DVD deux ou trois ans auparavant, et avait regardé les épisodes à ses heures perdues. Dans l'une des saisons, le personnage de Gabrielle, joué par Longoria, subissait une fausse couche, et avait beaucoup de peine à se remettre de ce traumatisme. Un jour, pour l'aider à faire son deuil, quelqu'un lui suggérait un rite mexicain consistant à utiliser un ballon, représentant le lien symbolique avec la personne disparue, et à le laisser s'envoler. En observant ce rite, Gabrielle arrivait enfin à lâcher prise et à accepter la perte de son enfant. Cette scène, à l'époque, avait marqué Tara, qui s'était complètement identifiée au chagrin que ressentait Gabrielle.

Cela ne pouvait pas être un simple hasard. De toute façon, Tara ne voyait pas d'autre façon d'interpréter la carte. Celle-ci l'incitait certainement à lâcher prise, à faire son deuil. Ou plutôt *ses* deuils. Car, en vérité, il y avait de nombreux poids, dans sa vie, dont elle avait besoin de se délester. Elle respira plusieurs fois, pour se donner du courage et fortifier sa décision.

— Cet après-midi, j'irai acheter des ballons, annonça-t-elle à Osiris. Et, tant que j'y suis, j'en profiterai pour racheter à Ozia un oreiller, en remplacement de celui que j'ai explosé hier.

Aux alentours de midi, elle alla s'offrir, en guise de déjeuner, une gaufre au miel sur la jetée. Ensuite, elle commença par se rendre au magasin de literie, à côté de la Poste, pour l'achat de l'oreiller. Cela fait, elle passa à la boutique de jouets, derrière la bibliothèque, et y dénicha un sachet de ballons multicolores ainsi qu'une bouteille d'hélium pour pouvoir les gonfler. Elle rapporta ses emplettes à la maison, et décida de consacrer le reste de l'après-midi à la recherche d'un lieu propice d'où lâcher ses petites montgolfières. Elle ne voulait pas s'acquitter de cette tâche dans le jardin de sa marraine. Elle préférait trouver un endroit plus sauvage, qu'elle dédierait au rituel.

À pied, elle parcourut la côte, en guettant l'emplacement qui pourrait convenir, et parvint bientôt à un promontoire, recouvert d'herbe tendre et surplombant la mer, qui lui parut idéal pour accueillir le rite. Elle s'assit au bord de la petite falaise, ses cheveux noirs flottant dans le vent comme un drapeau foncé, et contempla l'océan en écoutant les vagues qui giflaient les rochers. Les yeux aveuglés par le gris bleuté des flots, les narines emplies de l'odeur des embruns, la jeune femme resta là longtemps, avide de cette solitude bienfaisante qu'elle partageait avec la terre, le ciel et l'eau, satisfaite d'avoir trouvé le lieu d'où elle envolerait ses ballons.

Le soir, en se couchant, elle repensa au Geoffrey mystérieux dont elle avait trouvé la photo. Poussée par la curiosité, elle saisit son portable et, à tout hasard, lança une recherche sur Internet. Geoffrey + Tanzanie + 1981, tapa-t-elle. Les résultats lui présentèrent un Geoffrey Castelréa qui aurait été photographe de voyages dans les années 1980. Elle continua ses recherches, et finit par dénicher un portrait de cet homme. C'était bien lui ! Le même que sur la photo d'Ozia ! Elle obtint de plus amples informations sur sa vie et sa carrière : il était né à La Rochelle, avait publié quatre recueils de photos, et avait couvert, dans les décennies 1980 et 1990, de nombreux voyages, notamment humanitaires. La jonction avec Louisiane devait forcément se trouver là.

C'était un début. Mais ça n'apprenait rien sur le lien exact qui unissait cet homme et Ozia. Étaient-ils collègues ? Amis ? Amants ? Avaient-ils vécu une folle passion, tragique à souhait ?

Cette idée fit sourire Tara et titilla sa fibre romantique. Même si, pour elle qui avait toujours connu Louisiane célibataire convaincue, elle semblait improbable. La jeune femme se promit de continuer de chercher, et s'endormit la tête remplie de visions romanesques qui transformaient sa marraine en héroïne de légende passionnelle.

Le lendemain matin, le soleil était si ruisselant que Tara décida de s'octroyer une séance de plage. Lorsqu'elle rentra, à l'heure du déjeuner, son corps et son visage avaient pris un joli hâle abricot. Juste après le repas, elle s'installa dans le canapé, carnet en main, et, en étape préliminaire à l'exercice des ballons, se questionna. Qu'avait-elle besoin de laisser partir dans sa vie ? À quels endroits de son existence y avait-il des deuils non achevés – voire non entamés ? Avec quels morceaux de son parcours devait-elle aujourd'hui faire la paix ? Elle sentit son cœur s'égratigner à l'énoncé de ces questions. Elles étaient d'autant plus difficiles à affronter que la jeune femme avait mis, depuis des lustres, toute son énergie à les occulter.

Bravement, Tara se pencha sur sa vie, la passa au microscope de sa conscience. C'était un travail difficile, obligeant à triturer les plaies, à rouvrir la douleur des déchirures que son âme avait subies. Ce travail d'autopsie, il fallait pourtant l'effectuer sans faillir. Armant sa main de fermeté, la jeune femme se mit à écrire.

Je dois faire mon deuil :

- *De mes rêves de mariage éternel avec Victor*
- *Du bébé que j'ai perdu*
- *De la possibilité de porter des enfants*
- *De tout l'investissement que j'avais mis dans MyBeauty et de mon désir d'être admirée*
- *De la vie clinquante que j'ai menée jusqu'ici*

En relisant la liste, elle s'aperçut combien chaque élément était comme une flèche trempée d'arsenic plantée dans sa chair. Comme il était cruel d'avoir à renoncer aux espérances sur lesquelles elle avait bâti sa vie. Elle sentit son courage faiblir, s'appliqua à le reconsolider. Allons, pas de mollesse ! Elle avait la force d'y arriver. Elle pouvait le faire. Elle devait le faire.

Elle posa le carnet et alla chercher bouteille d'hélium et ballons. Elle en gonfla cinq, qu'elle noua avec une ficelle, et, sur chacun d'eux, écrivit au feutre l'élément de sa liste qu'il symbolisait. Lorsqu'elle eut terminé, elle attrapa dans les placards de sa marraine un sac de voyage suffisamment grand pour tous les contenir. Avec ce sac en bandoulière et son iPod en poche, elle se mit en route vers le lieu qu'elle avait choisi la veille comme temple de la cérémonie.

Face à la mer, elle prit un long moment pour se recueillir. Elle sut intuitivement quelle chanson devait accompagner le rituel. C'était une chanson tellement tripale, tellement poignante. Elle la plaça en boucle sur la piste de lecture.

Sia se mit à chanter. Tara ouvrit le sac et, délicatement, saisit les cinq ficelles des cinq ballons. La gorge serrée, elle les tint entre ses doigts. Les bulles colorées frémirent doucement dans la brise marine, attendant leur envol. La jeune femme repensa à ce qu'elles représentaient, auquel elle devait, à cette seconde, dire adieu définitivement. Accepter, dans son cœur, que la page se tournât et que le livre, plus jamais, ne s'ouvrît.

Et lorsque Sia hurla son refrain, « *I'm gonna swing from the chandelier!* », Tara ouvrit ses doigts comme elle l'aurait fait pour libérer un oiseau fragile. Les ballons s'envolèrent. De ses yeux mouvants et humides, elle suivit leurs arabesques dans le ciel. Mariage, bébé, enfants, travail, destin ; tout ce en quoi elle avait cru se dispersait dans le vent. Un grand vide ouvrit son gouffre au sein de son âme. Mais, tandis que les ballons disparaissaient dans le lointain, Tara se sentit soudain plus légère, comme si un lourd fardeau venait d'être ôté de ses épaules. Avec la voix de Sia toujours dans les oreilles, elle resta debout, aussi immobile qu'une statue, pendant d'interminables minutes, face à la sépulture invisible de son passé.

Alors qu'elle rentrait rue de la Dame-Blanche, une sonnerie de vélo retentit à ses oreilles.

— Bien le bonjour ! lui lança Mindy en descendant de sa monture. Vous repartez déjà ? ajouta-t-elle en lorgnant le sac de voyage que tenait Tara.

— Non, pas du tout, je m'en suis servie pour me débarrasser de deux ou trois choses encombrantes, répondit-elle.

— Ah bon, vous me rassurez. Dites donc, vous ne vous ennuyez pas trop, toute seule comme ça ?

— Non, au contraire, répondit Tara avec sincérité. Vous savez, jusqu'ici, à Paris, j'avais rarement l'occasion d'être solitaire, j'étais sans cesse entourée de monde. Alors je me rattrape. Je me recentre aussi sur moi, sur ma vie. J'en avais besoin.

— Ne vous faites pas quand même surchauffer la cervelle. Les cogitations, c'est bien, mais faut pas en abuser. Puis faut pas rester cloîtrée non plus. Ma grand-mère disait toujours qu'on ne doit pas se tenir éloigné de la vie de la rue trop longtemps. Et c'était une sage, ma grand-mère !

— Promis, je suivrai son conseil, dit Tara en riant.

La gentillesse de la petite factrice et sa sollicitude la touchaient. Elle avait perdu l'habitude de rencontrer des êtres d'une telle authenticité. Elles se saluèrent et Mindy repartit sur son vélo, alerte comme un petit feu follet blond.

Lorsque Tara fut rentrée, elle posa le sac qui avait contenu les ballons sur la table de la cuisine, et se servit un jus d'orange qu'elle but lentement en repensant à ce qu'elle venait d'accomplir.

En elle s'installait un étrange calme. Auparavant, face à la vie, elle s'était tenue raide, brandissant poings fermés, mâchoires serrées et volonté d'acier, collant aux valeurs d'un mari dont elle avait fait siens les désirs. Or maintenant, elle n'avait plus envie de guerre sanglante, de combat à mener sans merci. Elle voulait marcher en toute autonomie vers son avenir et ne pas avoir besoin de lances ou de boucliers pour l'aborder. Elle songea à son divorce et réalisa que l'idée de torpiller Victor, de vouloir l'anéantir, ne la motivait plus. Elle n'avait plus soif de destruction ou de talion. Au contraire, elle voulait une résolution rapide et calme de leur histoire.

Souhaitant poser un acte fort pour ancrer cette transformation, elle rédigea un texto pour son mari.

> J'ai changé d'avis. N'envoie pas les affaires que j'avais laissées avenue Foch à papa. Tu peux tout jeter ou tout donner à des œuvres caritatives. Je n'en veux plus. J'ai besoin de repartir à neuf. Et je ne veux pas d'un divorce conflictuel. Je veux que cela aille le plus vite possible. Je veux un divorce à l'amiable.

Elle appuya sur Envoyer.

Elle monta ranger le sac puis entra dans la caverne aux tarots. Sur la carte au ballon, une croix bleue avait éclos. Dans son carnet, Tara nota :

Troisième tirage : j'ai accepté de lâcher prise et de faire mes deuils. C'était douloureux, mais nécessaire aussi.

Elle resta plusieurs minutes, songeuse, assise près du coffret *Odissea*. Elle était fascinée par les changements profonds que les cartes avaient su initier en elle en si peu de temps, et se sentit incroyablement chanceuse que ce jeu eût croisé sa route, par l'entremise de la fée Louisiane. Certes, l'odyssée était mouvementée, et il fallait tenir bon la rampe. Mais, grâce à cette aventure insolite, Tara sentait grandir en elle des forces de démiurge.

Elle n'eut pas envie d'entamer aussitôt le quatrième tirage. Elle ressentait plutôt le besoin de se changer les idées après l'aventure des ballons. Une brusque envie lui vint, d'ailleurs assez aberrante, et qui l'étonna elle-même. Sans chercher à contester cette envie, elle rafraîchit son maquillage, se reparfuma, et se mit en route pour aller proposer, pour l'après-midi suivant, une sortie à Adam le libraire.

Ce n'est qu'une fois dans la rue, ses ballerines embrassant les pavés, qu'elle considéra vraiment ce qu'elle s'apprêtait à faire. Était-ce raisonnable ? N'allait-il pas se faire des idées ? Se monter la tête sur ses intentions ? La croire en train de le draguer ? Eh bien, tant pis, c'était un risque à prendre. D'autant plus que, pour une fois dans sa vie, elle ne désirait ni plaire ni séduire à tout prix. Elle recherchait juste une compagnie paisible, reposante, un complice inoffensif auprès duquel elle n'aurait pas à jouer la comédie. Et cet Adam, aussi éloigné de son univers fût-il, lui offrait la possibilité de converser sereinement et de se divertir. Or elle avait besoin de se divertir. Du reste, Mindy le lui avait fortement conseillé…

Elle fut bientôt à la librairie de livres anciens. L'endroit sentait bon la reliure de cuir et le vieux papier. Posté derrière le comptoir, Adam leva les yeux et eut un haussement de sourcils surpris.

— Je ne rêve pas, cette fois, c'est bien vous qui venez sur *mes* terres ? s'exclama-t-il en s'approchant de l'arrivante.

— Vous ne rêvez pas.

— Que me vaut l'honneur ? demanda-t-il en souriant.

— Est-ce que vous travaillez demain samedi ?

— Seulement le matin.

— Bon. Vous m'avez bien dit que vous m'offriez votre camaraderie ?

— Tout à fait.

— Alors voilà, est-ce que ça vous dit que l'on se voie demain après-midi ? J'ai besoin de me changer les idées, de me promener, de papoter de tout et de rien, avoua-t-elle franchement.

— Mais bien sûr, avec plaisir. Vous avez une idée de programme en particulier ?

— J'aimerais beaucoup découvrir les remparts. Comme je venais toujours en coup de vent chez Ozia, je n'ai jamais eu l'occasion d'y aller.

— OK pour les remparts ! Et si vous voulez, juste avant, on pourrait aller manger une salade en bord de mer. Je vous invite.

— D'accord pour la salade, mais on partage. Et ce n'est pas négociable. Je passe vous prendre ici à 13 heures ?

— Très bien, chef ! répondit-il en mimant un garde-à-vous.

— Alors à demain. Bonne soirée.

Sur ce, elle tourna les talons, et après un petit salut de la main, elle sortit de la boutique.

Rentrée à la maison, elle choisit de profiter de sa soirée sans effectuer de nouveau tirage. Après dîner, elle se mit à dessiner des chapeaux sur fond de musique douce. Vers 22 heures, elle reçut un texto de Victor.

Bien eu ton message. Merci Tara. Je me charge de tout et, une fois le divorce prononcé, je veillerai à ce que tu ne manques de rien.

Lorsqu'elle se coucha, elle sentit en elle une sérénité qu'elle n'avait pas éprouvée depuis longtemps.

Le lendemain matin, elle passa un temps conséquent à se préparer et à se maquiller, se voulant aussi impeccable que si elle se rendait sur un plateau de tournage. À l'heure dite, elle partit retrouver le libraire. Celui-ci avait fait un visible effort : pour une fois, il n'avait pas l'air de sortir d'une cahute au fond des bois et portait un pantalon et une veste bien coupés qui le rendaient élégant. Il avait ainsi, ô stupeur, une certaine classe. Il proposa de l'emmener à la brasserie du port, dont les baies vitrées s'ouvraient sur l'océan.

— J'ai été surpris par votre proposition, avoua-t-il, tandis qu'ils s'installaient face à la mer. Je me croyais la dernière personne avec qui vous pourriez avoir envie de passer un après-midi.

— Oh, tout de même pas ! Vous et moi, on est juste partis sur de mauvaises bases. Mais dans le fond, vous êtes quelqu'un de sympathique.

— Merci du compliment !

— Et je dois dire que vous m'avez impressionnée l'autre jour, avec vos histoires sur Proust.

— Ah bon ? Vous m'en voyez très flatté !

Le serveur apporta les cartes et prit leur commande.

— Et vous, vous aimez bien mon cher Marcel ? questionna alors Adam.

— Pas tellement, je le confesse. Moi, mon auteur préféré, c'est Patricia Cornwell.

— Je connais mal.

— Elle écrit des romans policiers qui mettent en scène le personnage de Kay Scarpetta, une médecin légiste au tempérament légèrement psychorigide. J'adore cette héroïne. J'aime sa rigueur, sa discipline… Vous, vous ne lisez pas de polars ?

— Assez peu, je le crains. Je crois que je préfère les œuvres plus classiques. Mon côté vieux garçon intello, j'imagine, ajouta-t-il, taquin.

— Là, ce n'est pas moi qui l'ai dit ! riposta-t-elle sur le même ton. Et en musique, qu'est-ce que vous écoutez ? Vous devez être du genre à vous passer en boucle de la musique symphonique.

— J'aime Mozart, Beethoven, Bach, Satie. Mais je n'écoute pas que ça. J'aime beaucoup le jazz. Charlie Parker, Miles Davis, Glenn Miller.

— Vous n'avez rien de plus moderne en stock ?

— Hum… Chris Isaak, Natalie Merchant, Caro Emerald, Adele ? Ça vous va mieux ? Et vous, qu'est-ce que vous écoutez, mademoiselle la branchée ?

— De la pop, beaucoup. Du rock. Un peu de variété française mais pas trop.

— Moi, j'adore Christine and the Queens.

— Non ?

— Si ! Ça vous sidère, pas vrai ? Vous me voyez vraiment comme un vieux type poussiéreux ! dit-il en riant.

Tara se mordit les lèvres, embarrassée par cette dernière repartie qui n'était pas dénuée de véracité, et fut soulagée par la diversion que lui offrit le serveur en apportant les salades.

— J'espère que vous n'allez pas m'en vouloir, enchaîna Adam en changeant heureusement de sujet, mais j'ai fait une recherche Internet et je suis tombé sur des extraits de votre émission. J'ai même vu une interview de vous, avec votre mari. Il a beaucoup d'allure.

— Oui, c'est ce qui fait son charme. Il a une espèce de charisme très viril, ajouta Tara d'un air songeur.

— Vous aviez l'air très heureux tous les deux dans cette interview.

— Oh oui, nous menions une belle existence dorée ayant toute l'apparence du bonheur.

— N'en avait-elle que l'apparence ?

— Le duo glamour qui rend bien à l'écran, ça, c'était le début du chemin. Et, d'une certaine manière, j'ai payé la rançon de mes privilèges. Parce qu'à l'autre bout de la route, il n'y avait que l'amertume et la désillusion. Et l'infidélité aussi. Victor a été un mari volage.

— Pourquoi acceptiez-vous cela ? demanda-t-il d'une voix très douce. Une femme comme vous…

Tara leva les yeux en entendant cette phrase. Mais, une fois encore, Adam avait prononcé ces derniers mots sans aucun sous-entendu. Il avait dit cela du ton avec lequel on pose un simple fait objectif. Tara haussa les épaules tandis que son regard se perdait dans le brouillard.

— Je crois, finit-elle par répondre, que je refusais d'admettre l'impasse où nous étions arrivés. Je ne voulais pas envisager de devoir divorcer un jour. Je jouais les autruches.

Elle posa ses couverts et saisit un morceau de pain.

— Mais tout ça n'est pas très intéressant, enchaîna-t-elle. Racontez-moi plutôt comment vous êtes devenu libraire. Vous m'avez dit l'autre fois que c'était votre rêve d'enfance.

— En effet, la passion des livres m'a saisi très tôt. Je suis né à Rennes mais j'ai suivi mes études à Paris. J'ai décroché des bourses et j'ai fait des petits boulots pour payer mes cours. Et puis, la chance est venue frapper deux fois à ma porte. La première fois quand j'ai rencontré ma femme sur les bancs de la fac. La deuxième fois quand j'ai vu l'annonce d'un vieux libraire qui cherchait un repreneur sur l'île d'Arvana.

— Votre épouse a pu vous suivre sans problème ?

— Diega était traductrice, donc avec un ordinateur, elle pouvait travailler de n'importe où.

— Traductrice en quelle langue ?

— Espagnol. Elle était d'origine andalouse.

— Et vous n'avez eu aucun mal à vous acclimater à la vie insulaire ?

— Au début si ! Il fallait que je me constitue une clientèle et que nous nous adaptions à une existence fort éloignée de celle que nous menions à Paris. Mais les gens nous ont bien accueillis. Nous avons trouvé cette charmante maison rue de la Dame-Blanche. Et nous avons été heureux. Très heureux.

Tara sentit la pointe d'une épingle de jalousie lui piquer le cœur. Elle s'en voulut aussitôt de ressentir cela. Comment pouvait-elle envier le bonheur défunt de cet homme ? Adam était seul à présent, et il était bien dérisoire de lui jalouser ce dont la vie l'avait déjà dépouillé.

Il continua à raconter quelques anecdotes sur sa vie de libraire. Puis, ayant bu leurs cafés, ils quittèrent la brasserie. Tandis qu'ils prenaient le chemin des remparts, Tara repensa à la femme d'Adam et fut assaillie par une impérieuse curiosité à laquelle elle ne put résister.

— Adam, excusez ma question, qui j'espère ne vous paraîtra pas choquante ou déplacée, mais puis-je vous demander dans quelles circonstances vous avez perdu votre épouse ?

12

Oh it seems to me that sorry seems to be the hardest word[1].

(Elton John – *Sorry Seems to Be the Hardest Word*)

Il lui lança un regard grave, et prit une profonde inspiration.

— Diega est morte dans un accident de bateau, il y a quatre ans. Elle est partie un matin, joyeuse, souriante, gaie. Et elle n'est jamais rentrée. Le bateau a été retrouvé, vide. Ils ont dit qu'elle avait dû être projetée par-dessus bord. Le matin, ma femme est là, vivante, avec moi. Le soir, le néant la remplace. Elle a disparu comme ça, ajouta-t-il en claquant des doigts, un rictus de souffrance déformant ses lèvres. Nous projetions d'avoir un enfant. Souvent, je me dis que j'aurais préféré qu'elle soit malade. J'aurais pu l'accompagner, lui dire au revoir, être auprès d'elle jusqu'au bout. Mais la mer me l'a arrachée. Depuis, je ne supporte pas de monter sur un bateau. Je prends la navette une fois l'an, quand j'ai des déplacements à effectuer hors de l'île, mais je déteste ça. Et le reste du temps, je me tiens le plus éloigné possible de toute embarcation.

Il se tut, le visage douloureux.

— Comment avez-vous réussi à surmonter cette terrible épreuve ? demanda Tara, presque à mi-voix.

---

1. « Oh il me semble que pardon est le mot le plus difficile à prononcer. »

— Un morceau de moi est mort en même temps que Diega. Cependant, il a bien fallu réapprendre à vivre, même avec un cœur broyé. C'est votre marraine, Louisiane, qui m'a permis de surmonter cette épreuve et de retrouver un peu d'espoir. Sa présence, son écoute et sa bienveillance m'ont sauvé la mise.

Tara observa cet homme qui marchait tout près d'elle. Cet homme qu'elle avait pris pour un parfait abruti et qui, de rencontre en rencontre, se révélait être d'une profondeur déconcertante. Le tragique de son histoire émouvait la jeune femme. Elle s'en voulait de l'avoir, au début, si mal jugé, si mal traité. Elle aurait souhaité trouver un mot de consolation, un geste réconfortant. Lui dire qu'elle comprenait sa douleur. Mais elle n'avait pas l'expérience et l'empathie de sa marraine dans ce genre de situation. Ne sachant pas comment exprimer son soutien, elle garda donc le silence.

Mais, presque sans qu'elle en eût conscience, sa main s'éleva et vint toucher l'omoplate du libraire. Dans ce mouvement léger, se plaçait toute la fraternité dont elle était capable. Une solidarité esquissée. D'une âme en peine à une autre. Peut-être surpris par ce contact, il releva la tête, regarda Tara jusqu'au fond des prunelles. Puis il ébaucha un sourire. Un sourire qu'elle jugea extraordinairement digne et qui la retourna complètement.

Ils cheminaient désormais le long des remparts de pierre qui leur présentaient tout leur charme médiéval. D'un hochement de menton, Adam désigna alors l'océan qui s'étalait de l'autre côté du parapet.

— C'est beau, n'est-ce pas ? dit-il.

— Magnifique ! répondit Tara en gorgeant ses pupilles du paysage marin.

— Vous verrez, cette île vous agrippe l'âme. Vous aurez du mal à en repartir.

— J'en suis certaine, répliqua-t-elle sincèrement.

Elle resta quelques secondes silencieuse.

— Est-ce pour cela que vous êtes resté ici même après ce drame ? demanda-t-elle alors.

— Oh, j'ai failli partir. J'en voulais tellement à la mer. La contempler matin et soir était une torture. J'ai eu la tentation de la fuite. Mais, le temps passant, le besoin de rester a été le plus fort. C'est ici que nous avions voulu vivre. Et puis, j'avais ma librairie. Alors, j'ai apprivoisé le chagrin, il m'a servi de nouveau compagnon. Et je n'ai pas quitté l'île.

Ils arrivèrent bientôt au bout de la promenade. Un carrousel faisait valser ses chevaux de bois aux pieds des remparts et un marchand de glace ambulant prodiguait ses gourmandises colorées aux passants.

— Nous n'avons pas pris de dessert, remarqua Adam. Je vous offre un cornet ?

Pendant qu'ils dégustaient leurs sorbets, ils reparlèrent de Louisiane.

— Ça faisait longtemps que vous n'étiez pas venue la voir ? demanda Adam.

— Plusieurs années. De nous deux, c'est certainement vous qui devez la côtoyer le plus souvent. D'ailleurs, ajouta Tara en suivant une brusque impulsion, est-ce qu'à tout hasard elle vous a jamais parlé d'un certain Geoffrey ?

— Non, ça ne me dit rien. Qui est ce monsieur ?

— Un ami à elle, je crois. Un photographe. Je me demandais si elle avait déjà pu mentionner son nom devant vous.

Il secoua négativement la tête.

— Mais vous savez, expliqua-t-il, votre marraine a toujours été très discrète sur sa vie personnelle, ou ses amis, ou sa famille. Même de vous, elle ne m'a que très peu parlé. Elle discute volontiers de ses voyages, de ses passions, mais je ne connais pas grand-chose de ce qui concerne le pan privé de son existence.

Une fois les glaces consommées, Adam raccompagna Tara jusque devant la maison de Louisiane. Comme la fois précédente, il ne chercha pas à lui faire la bise. Il lui tendit la main, et lorsqu'elle avança la sienne, il la serra entre ses deux paumes.

— Merci de m'avoir accordé de votre temps, dit-elle.

— Quand vous voulez ! J'ai passé une très belle journée en votre compagnie. Bonne soirée et à bientôt.

Chacun prit alors la direction de sa demeure respective. Pendant qu'elle glissait la clé dans la serrure, Tara lança un dernier regard vers la rue, et eut juste le temps de voir, quelques mètres plus loin, la silhouette de son voisin disparaître derrière la porte de sa maison.

Quand elle fut à l'intérieur, Tara resta un instant debout, le dos contre le chambranle de bois. Elle dénoua ses cheveux, attachés le matin en un chignon serré. Elle était à la fois satisfaite d'avoir passé une agréable journée, et en même temps un peu… déçue. Oui, c'était bien ça, elle était déçue. Mais déçue de quoi ? Déçue pourquoi ? Cela, elle avait du mal à le définir. Réfléchissant, elle finit par s'avouer qu'elle aurait trouvé plaisant qu'il l'invitât à dîner pour prolonger l'après-midi. Elle aimait parler avec lui, et, en sa compagnie, elle ressentait, sans trop savoir pourquoi, un certain bien-être, une espèce de douceur dont elle avait perdu l'habitude – voire n'avait jamais connue – avec Victor.

Le lendemain matin, Tara décida de procéder au quatrième tirage du jeu *Odissea*. Elle piocha donc une nouvelle carte. Après quelques secondes, celle-ci laissa apparaître le dessin d'une colombe tenant dans son bec un rameau d'olivier. Cette fois, le symbole était assez clair. Une colombe de la paix ! Cherchant à quelles actions l'associer, Tara lista mentalement : faire la paix, oublier les rancœurs, pardonner…

Elle scruta la carte en repensant particulièrement à ce dernier mot. L'arcane et le verbe semblaient bien aller ensemble. Était-ce donc cela que le jeu voulait ? Qu'elle pardonnât ? Mais pardonner quoi, à qui ? Au reste, accorder son pardon, c'était là une notion très abstraite. Comment s'y prenait-on *concrètement* ?

Elle resta une demi-heure carte en main, le front dubitatif, tâchant de percevoir quel type d'action la lame attendait d'elle. Mais aucune idée ne lui vint. En désespoir de cause, elle prit son portable et lança une recherche Accorder son pardon. Sur un site de psychologie, elle trouva un exercice intéressant : pour chaque personne nous ayant fait du mal ou à qui l'on avait fait du mal, il fallait écrire une lettre en trois parties. La première partie commençait par *Pardon pour…* La deuxième commençait par *Je te pardonne de…* Et la troisième commençait par *Merci pour…*

Parce qu'il lui semblait structuré et méthodique, la jeune femme résolut d'expérimenter cet exercice. D'abord, elle essaya de déterminer à qui, dans sa vie, elle avait besoin de pardonner pour se libérer émotionnellement. La tâche fut malaisée. Alors, elle prit le problème à l'envers et se demanda plutôt à qui elle en voulait, ou en avait voulu, dans sa vie. Deux visages jaillirent à sa conscience : celui de Victor et celui de sa mère. Plus subrepticement, une troisième personne apparut ensuite, qui n'était autre que Stan. Peut-être était-ce donc à Victor et à ses parents qu'il fallait qu'elle accordât son plein pardon.

Au départ, l'idée lui parut difficile à réaliser, surtout en ce qui concernait son mari et sa mère, les griefs ressentis par rapport à eux ne lui semblant que trop légitimes. Mais ensuite, elle songea qu'elle avait déjà été capable de pleurer, d'exprimer sa colère, de faire ses deuils, et même d'accepter un divorce à l'amiable. Le pardon était une nouvelle étape à franchir qui, même si elle était ardue, ne pouvait que l'aider à alléger son passé.

Dans l'album de Louisiane, elle prit deux photos : l'une de son mariage, où on la voyait avec Victor, et une du mariage de ses parents, où l'on voyait Stan et Daisy.

En début d'après-midi, munie des deux photos et de son indispensable iPod, elle se rendit tout au bout du jardin, où elle serait au calme pour s'essayer au pardon. Elle chercha dans son lecteur la chanson *Happy Xmas (War Is Over)* de John Lennon, dans une version chantée par Roch Voisine. Tara aimait particulièrement ce morceau. Elle le trouvait doux et apaisant, et elle jugea que, pour le moment présent, avec son message sous-jacent : *war is over if you want it*[1], il convenait à merveille.

Elle s'assit en tailleur dans l'herbe, et commença l'exercice avec sa mère. Elle lança la chanson, en contemplant la photo de Daisy, le jour de son premier mariage. Elle s'ingénia alors à compléter mentalement les trois phrases préconisées sur le site de psychologie.

La première phrase était : *Je te demande pardon pour...* mais les mots se firent prier. Tara ne voyait pas en quoi elle pouvait bien, *elle*, avoir à demander pardon à sa mère.

Manquant d'inspiration, elle sauta cette première consigne pour s'attaquer à la suite, qui demandait d'exprimer tout ce qu'elle pardonnait à sa mère. Son esprit s'insurgea. Comment diantre pouvait-elle pardonner à Daisy d'être cette bourgeoise snobinarde et superficielle qui ne pensait qu'à son nombril, et qui

1. « La guerre peut prendre fin, pourvu que tu le veuilles. »

les avait abandonnés, son père et elle ? En fait de pardon, c'est plutôt d'animosité que s'habillait son âme !

Elle tenta d'emplir son cœur de mansuétude mais n'y parvint point. Offrir son pardon à Daisy lui paraissait n'être qu'un acte cérébral, elle ne le *ressentait* pas. Il fallait trouver une autre voie. Elle devait, au préalable, se *reconnecter* à sa mère avant d'espérer lui pardonner. Sinon, c'était tout bonnement impossible.

Elle chercha dans sa mémoire un souvenir qui pût enjoliver Daisy, la lui présenter sous un jour aimable. Étonnamment, ce souvenir surgit de façon instantanée. Pour ses 13 ans, sa mère lui avait offert un week-end de trois jours au Pays basque. Elles étaient parties en train toutes les deux, avaient logé dans un petit hôtel à Saint-Jean-de-Luz. Daisy s'était exclusivement consacrée à sa fille pendant trois journées qui, dans l'histoire de Tara, restaient comme une parenthèse enchantée, une bulle d'osmose mère-fille qui n'avait pas eu l'occasion de se recréer par la suite. À les revoir arpenter ensemble, complices, les rues de la cité basque, Tara sentit une bouffée d'affection envers sa mère monter en elle. Et elle reprit la photo du mariage de ses parents afin de poursuivre l'exercice.

Mais sitôt que ses yeux furent de nouveau posés sur la mariée de l'image, sa rancœur s'embrasa de nouveau. Daisy restait la traîtresse, la fuyarde, l'abandonneuse. Et des mots tels que « pardon » ou « merci » perdaient de leur sens lorsque c'était à elle que Tara devait les adresser.

Se trouvant dans l'impasse, la jeune femme décida de se focaliser sur Victor. Elle reviendrait à sa mère plus tard. Avec Roch Voisine en boucle sur le lecteur, Tara attrapa la photo de son futur ex-mari. Comme elle l'avait fait pour Daisy, elle chercha au préalable un souvenir « reconnectant ».

Elle se souvint d'un court voyage en amoureux qu'ils avaient effectué à Barcelone. Un soir, ne trouvant plus de taxi, ils avaient pris le métro. L'agencement des wagons espagnols n'était pas le même que celui des wagons français. À Barcelone, les rangées de sièges couraient tout le long du train, plaçant les voyageurs face à face. Ils s'étaient donc assis, chacun dans sa rangée, se faisant face. Trop loin pour se parler mais ne cessant pas de se regarder. Et pour passer le temps qui les avait conduits de la station Clot, en centre-ville, à la station Catalunya, où se trouvait leur hôtel, ils s'étaient mis à jouer à Pierre-Papier-Ciseaux. L'occupation était inattendue mais elle était venue spontanément, initiée par Victor. Les autres passagers avaient épié leurs gestes comme s'ils eussent été des signes cabalistiques. Eux, imperturbables, avaient continué leur petit jeu. Tara en avait ri aux éclats, comme une gosse. Et Victor avait souri devant son enthousiasme. Un sourire mutin, gai, amoureux, qui avait fait fondre le cœur de Tara. Un sourire en total décalage avec le personnage de producteur aux dents longues qu'il campait la plupart du temps.

Gardant ce souvenir en tête, Tara fixa la photo. À Victor, elle pouvait demander pardon de n'avoir pas su exprimer ses frustrations, ses insatisfactions. Elle avait toujours voulu se montrer forte et invincible en face de lui, jouant à la perfection son rôle d'égérie. Ces dernières années, il fallait le reconnaître, elle n'avait guère été présente pour lui, elle n'avait pas cherché à l'écouter, à le comprendre, à réinstaurer la communication entre eux. Elle s'était refermée sur elle-même après la mort de leur enfant, enfouissant sa peine sous une armure de métal. Elle avait eu si peur de « craquer », d'être envahie par le désespoir. Son moyen de tenir avait été de s'ériger en forteresse invulnérable face à celui auquel elle aurait dû, au contraire, montrer son chagrin.

Partant de cette constatation, elle pouvait, devait même, l'excuser d'être tombé amoureux ailleurs. Elle n'avait certes pas une très grande estime pour Sherry, mais elle comprenait aujourd'hui que son époux, asséché d'avoir une dame de glace pour compagne, ait eu besoin de nouveaux printemps. Ils avaient dérivé trop loin l'un de l'autre, sans s'en rendre compte. Elle lui pardonnait donc d'avoir demandé le divorce, malgré le mal que lui avait causé la brutalité de l'annonce. Dans la troisième partie de l'exercice, Tara remercia Victor de l'avoir aimée aussi fort. Il avait vraiment voulu faire d'elle une princesse choyée. Il lui avait offert *MyBeauty*, ainsi qu'une vie luxueuse. Il avait donné ce qu'il pouvait donner, à la mesure de ce qu'il était.

Tandis que défilaient ces pensées, Tara eut l'impression que son cœur s'affranchissait peu à peu du corset d'acier dans lequel elle l'avait maintenu depuis des décennies. Il semblait respirer de nouveau, vivre de nouveau.

Elle passa alors à son père. Elle reprit la photo où l'on voyait Stan, se concentra sur son visage. Ce fut nettement plus facile que pour Daisy, les idées se présentèrent sans peine. Tara lui demanda pardon de ne pas avoir osé le pousser avec plus de vigueur à refaire sa vie. Elle avait toujours considéré que cela ne la regardait pas. Peut-être aussi la situation l'arrangeait-elle : elle lui permettait de garder son père exclusivement pour elle. Pourtant, en abordant le sujet de manière franche et frontale, elle aurait peut-être pu créer un déclic dans l'esprit de Stan et le sortir de son destin solitaire. Elle lui pardonna, non sans une légère tristesse, de ne pas avoir su retenir sa mère, de ne pas l'avoir maintenue amoureuse au point de lui inspirer l'envie de former un couple uni et une famille aimante. Enfin, elle le remercia d'avoir été un père attentionné, protecteur, toujours soucieux du bien-être de sa fille.

Satisfaite, Tara reposa sur l'herbe la photo du mariage de ses parents à côté de celle de son propre mariage. Son regard, machinalement, alla de l'une à l'autre. Et soudain, ses yeux s'écarquillèrent. La chose était si flagrante, et pourtant, Tara ne l'avait jamais réalisée. Jamais même elle n'aurait accepté l'idée qui, en cet instant, lui sautait au visage : les femmes des deux photos se ressemblaient ! Elles paraissaient même être des sœurs jumelles ! Même silhouette svelte, même port de tête, même sourire extasié ! Elles étaient identiques ! Cette vérité se tambourina contre le front de Tara et ouvrit une brèche dans sa conscience, comme une clarté brutale revient éclairer l'ombre.

Oui, elle ressemblait à sa mère ! Son père avait raison, même si elle avait toujours refusé de le croire. Et il ne s'agissait pas que d'une ressemblance physique. Comme Daisy, Tara s'était appliquée à devenir la femme parfaite, belle, tirée à quatre épingles, qu'un mari riche et puissant pouvait fièrement exhiber. Comme Daisy, elle n'avait vécu, ces dernières années, que sous l'emprise des mondanités, cocktails et autres dîners cérémonieux. Comme Daisy, elle avait voué un culte à l'Image, à *son* Image, avec un grand I comme Instagram. Se croyant supérieure à sa mère, plus droite et plus méritante qu'elle, Tara avait passé son temps à reprocher à Daisy les attitudes et comportements qu'elle-même avait adoptés dans sa propre vie.

Le choc de ce constat la laissa pantoise pendant plusieurs minutes. C'est alors seulement qu'elle se décida à demander pardon à sa mère de l'avoir si mal jugée, si injustement. Portée par son élan, elle décida ensuite de lui pardonner ses erreurs, de lui pardonner ses limites, de lui pardonner surtout de n'avoir pas su être la mère dont elle aurait eu besoin. Sans doute Daisy avait-elle fait de son mieux, en vertu de ce qu'elle était. Tara lui pardonnait donc. Et cette fois, le mot résonnait dans son cœur avec justesse.

Pour ce qui était des mercis, Tara repensa aux traits de sa personnalité dont elle était fière : son sens de la discipline, son goût du travail bien fait, sa volonté de ne pas se laisser entamer par l'épreuve, sa force de caractère. Elle comprit qu'en grande partie elle les devait à sa mère, que c'était elle qui les lui avait transmis. Elle la remercia pour cela.

Heureuse et soulagée d'être parvenue à compléter les trois phrases pour sa mère, Tara regarda de nouveau les images des deux mariages. Des quatre personnes qu'elle contemplait dans leurs tenues de noces, elle s'aperçut qu'il y en avait une qu'elle avait soustraite à l'exercice et qui, pourtant, pouvait mériter elle aussi des pardons et des mercis. Et c'était elle-même.

Alors, Tara se demanda pardon de s'être toujours menée à la baguette, comme un bon petit soldat, et d'avoir fait passer de stupides principes de bienséance sociale avant ses besoins réels. Elle se demanda pardon d'avoir oublié ses rêves de modiste, ses grands rêves d'enfant. Elle se demanda pardon de n'avoir pas été en mesure de concrétiser son aspiration de mariage immortel. Puis, elle se pardonna toutes ces choses qu'elle n'avait pas comprises plus tôt, par rapport à sa vie, à Victor, à sa mère, à elle-même. Elle se pardonna aussi son incapacité à porter des enfants. Enfin, elle se remercia d'être ce qu'elle était : une femme forte, digne, tentant de ne jamais s'avouer vaincue.

L'exercice achevé, Tara eut l'étrange sensation d'être emplie d'un faisceau de lumière. Elle se sentait apaisée, mais d'un apaisement qui n'était pas seulement intellectuel, qui avait infiltré chaque cellule de son corps. Elle savoura cette sensation pendant plusieurs minutes. Un long moment plus tard, elle coupa son iPod et rentra dans la maison. Elle rangea les photos où elle les avait prises, puis monta vérifier la carte dans la pièce aux tarots. La croix bleue n'était pas apparue mais, à vrai dire, elle n'en fut pas surprise. Elle sentait confusément qu'elle pouvait réellement aller plus loin dans cet acte de pacification. D'ailleurs, elle le voulait. Elle aspirait à faire la paix complètement, définitivement, officiellement, avec son histoire.

Tout d'abord, elle s'agenouilla sur le tapis, et ferma les yeux. De toutes ses forces, elle imagina que Victor était là avec elle, à côté d'elle. Elle s'appliqua à ressentir sa présence. Les mots affluèrent sans mal et, faisant de sa langue un tremplin, bondirent hors de ses lèvres.

— Victor, dit-elle, je t'offre ma bénédiction. Et ainsi, je me libère définitivement de toi. Je te souhaite tout le meilleur dans ta nouvelle vie. Et à moi aussi, dorénavant, je me souhaite le meilleur. Sans toi.

Elle attendit, toujours les yeux fermés, pour être sûre qu'elle ancrait ce message dans sa conscience. Satisfaite, elle se releva. Jeta un coup d'œil à la carte. Toujours pas de croix bleue. Tara accepta ce verdict. De toute façon, il y avait encore quelque chose qu'elle sentait devoir faire. Elle envoya un texto à sa mère, sollicitant un Skype dès que possible. Daisy répondit qu'elle serait disponible une heure plus tard.

À l'heure dite, Tara ouvrit Skype sur son téléphone et appela sa mère. Celle-ci apparut sur l'écran, maquillée, bijoutée, extrêmement élégante comme de coutume. Tara lui expliqua qu'elle passait quelques jours chez Louisiane et que celle-ci était en voyage.

— Mais ça va, tu ne déprimes pas trop, toute seule, sur cette île perdue au milieu de nulle part ? interrogea Daisy.

— Au contraire, je me ressource.

— Tu as des nouvelles de Victor ?

— Finalement, j'ai opté pour un divorce à l'amiable. Autant que ça aille vite.

— Bien. C'est ta décision, ma chérie.

— Maman, il y a quelque chose que je voulais te dire. Et depuis longtemps, en fait.

— Je t'écoute.

Tara gonfla ses poumons, et se lança.

— Je t'en ai beaucoup voulu quand tu as quitté papa. Je l'ai très mal vécu. Vraiment très mal. Je n'acceptais pas que tu nous abandonnes comme ça. Il a été si malheureux. Et moi, je t'ai trouvée tellement égoïste. Pendant très longtemps, je n'ai pas réussi à te pardonner ce comportement. Et encore aujourd'hui, je t'en veux.

Elle se tut alors pour laisser Daisy réagir. Celle-ci secoua la tête, faisant tintinnabuler ses boucles d'oreilles.

— Bien sûr, c'est normal, répondit-elle alors. Et j'ai conscience que cela a créé de la distance entre nous. Mais il faut que tu saches que je n'ai jamais voulu faire de mal à ton père. Avec lui, j'avais pris un mauvais embranchement. J'étais jeune, insouciante, je ne connaissais rien à l'amour véritable. J'ai cru qu'il pourrait être l'homme de ma vie. Et puis, quelques mois avant notre mariage, il m'a présenté Enoch. La foudre m'a frappée.

— Bon sang, maman, ça veut dire que tu aimais déjà Enoch quand tu as épousé papa ?

— Certainement. Mais je ne voulais pas tout briser. Et je croyais que ça allait me passer. Que le grand sentiment de sécurité que ton père m'inspirait suffirait. Je m'en voulais de cette passion que je ressentais pour Enoch. Je m'en voulais tellement, si tu savais. J'ai essayé de le chasser de moi. Mais tu es née. Et il n'y en a plus eu que pour toi : j'étais devenue invisible aux yeux de ton père. Alors ce que j'éprouvais pour Enoch a ressurgi avec d'autant plus de force. Il était flagrant qu'il ressentait la même chose. Il me voyait comme une femme alors que ton père ne me considérait plus que comme une mère. Toutes ses attentions, il te les offrait à toi. C'est pour ça qu'un jour, après avoir attendu que tu sois suffisamment grande pour encaisser la nouvelle, j'ai décidé qu'il était temps que je vive enfin au grand jour cette histoire dont je rêvais tant.

Tara écoutait les paroles de sa mère. Elles avaient beau laisser un goût un peu amer dans son âme, elles étaient aussi porteuses de cicatrisation. Sa mère n'était pas partie sur un coup de tête. Elle avait réfléchi, attendu, souffert sans doute, avant de s'en aller. Elle n'avait pas pu renoncer à la grande histoire de sa vie. Et, de fait, le mariage de Daisy et Enoch avait été – était encore maintenant – une réussite. Et cette réussite, si elle ne rachetait pas la cassure douloureuse de jadis, lui conférait au moins un sens respectable.

En découvrant ce pan de l'histoire amoureuse de sa mère, Tara se vit confortée dans ses révélations : elle était vraiment plus proche de Daisy qu'elle ne le croyait. Elle aussi s'était trompée d'homme. Elle aussi s'était fourvoyée dans un mariage qu'elle avait espéré idéal mais qui n'était pas le bon pour elle.

— Est-ce que tu en veux à papa de ne pas avoir su te rendre heureuse ? demanda-t-elle alors.

— Bien sûr que non. Il a fait ce qu'il a pu. Grâce à lui, j'ai rencontré Enoch. Et lui, grâce à moi, il a pu être un père comblé. Nous sommes quittes. Et toi, est-ce que tu m'en veux toujours ?

— Tu m'aurais posé cette question hier encore, je t'aurais répondu oui, et avec virulence. Mais, aujourd'hui, je crois que je comprends mieux certaines choses. J'ai conscience que je t'ai très mal jugée, très mal comprise. J'en suis désolée. Par conséquent, je crois aussi que je parviens à ne plus t'en vouloir.

Il y eut un silence, marqué d'un long regard que les deux femmes échangèrent par écrans interposés. Un regard faisant office d'ultime calumet de la paix.

— Je suis contente que nous ayons eu cette conversation, dit alors Daisy.

— Moi aussi, maman, approuva Tara. Et je voudrais te poser une dernière question. Est-ce que tu crois qu'on a qu'un seul grand amour dans la vie ?

— Oh non, et heureusement ! Je suis persuadée que l'on peut connaître plusieurs amours. On n'a pas les mêmes besoins à 20 ans qu'à 40, ni même qu'à 60. La vie est trop longue, trop imprévisible pour qu'on puisse se payer le luxe de n'avoir qu'un seul grand amour.

En achevant le Skype, Tara se fit la promesse de parler plus souvent avec sa mère, et d'apprendre à la connaître pour ce qu'elle était en cessant de la juger pour ce qu'elle paraissait être.

Regardant la carte à la colombe, elle la vit décorée d'une croix bleue. Dans son carnet, elle nota :

> *Quatrième tirage : j'ai demandé pardon et accordé mon pardon. C'est à la fois un acte d'humilité et de profonde croissance. Et je crois ainsi avoir apaisé ma relation avec Victor, avec ma mère, avec mon père et même avec moi-même.*

À ce moment, son portable vibra, lui signalant qu'elle venait de recevoir un mail. Elle saisit son téléphone, impatiente de voir qui lui écrivait.

13

Like a lightning bolt, your heart will blow[1].

(Katy Perry – *Firework*)

Un sourire, teinté de surprise et de joie, apparut sur son visage lorsqu'elle lut le nom de l'auteur du message. Louisiane ! Avec hâte, Tara ouvrit le mail.

Ma bichette,

J'utilise exceptionnellement une connexion Internet pour t'envoyer ce courriel. Mon voyage se passe bien et je pense donc que je vais prolonger mon séjour au-delà du délai initial que je t'avais annoncé. Sens-toi libre, cependant de rester dans ma maison aussi longtemps qu'il te plaira. Si jamais tu retournes à Paris, préviens simplement mon voisin Adam pour qu'il s'occupe d'Osiris. Ils s'entendent très bien tous les deux, Adam veille toujours sur lui quand je dois m'absenter pour mes conférences. J'espère aussi qu'*Odissea* te mène sur un chemin de découvertes et de sérénité.

Je t'embrasse.

L.O.

1. « Comme un coup de foudre, ton cœur va briller. »

Le sourire de Tara s'agrandit encore. Sa marraine, apparemment, n'était pas pressée de rentrer. Mais, au fond, ça tombait plutôt bien, car elle non plus n'était pas spécialement pressée de retourner à Paris. Elle avait pris ses repères ici, elle aimait bien sa vie arvanaise. Ozia pouvait donc continuer de sillonner l'Australie tout son soûl, elle l'attendrait sagement, tout en prenant soin d'Osiris.

Tandis qu'elle quittait la pièce aux tarots et descendait à la cuisine pour se préparer à dîner, la jeune femme se demanda si ce voyage australien pouvait avoir un rapport avec Geoffrey Castelréa. Mais comme elle n'avait à sa disposition aucune information pouvant confirmer ou infirmer l'hypothèse, Tara la mit de côté, la gardant dans le coin de son imagination qui se plaisait à entrevoir une romance passionnée entre l'historienne et le photographe.

Le lendemain matin, ayant été réveillée assez tôt par un Osiris fort joueur s'amusant à mordiller le pied qu'elle laissait dépasser de la couette, Tara décida de rendre visite à Jacob Sarayan. Elle alla acheter une brioche odorante et dorée, tout juste sortie du four, chez le boulanger de la place. Puis, sa viennoiserie sous le bras, elle vint sonner à la porte du vieux monsieur. Celui-ci poussa de grands cris enjoués à la vue de la jeune femme et de son présent. Il n'accepta de manger de la brioche que si elle-même en prenait une tranche et partageait le café qu'il venait de préparer. Tara dérogea donc à son habitude de jeûner le matin. Ils s'installèrent à la table carrelée de la cuisine.

— Que vous êtrre gentille avec moi ! s'attendrit Jacob. Je ne pas mérriter.

— Bien sûr que si, rétorqua Tara, les joues pleines de mie sucrée. Et puis, il faut bien que je puisse dire à Louisiane que j'ai pris soin de ses voisins durant son absence, ajouta-t-elle avec un doux sourire.

— C'est une grrande dame ! affirma Jacob avec fougue. Grrande parr la taille, parr la tête et parr le cœur ! Oui, une grrande dame. Vous êtes venue chez elle en vacances ?

— Ou tout comme. J'ai vécu quelques changements brutaux dans ma vie récemment. J'avais besoin de souffler.

— Des changements grraves ? questionna l'octogénaire.

— Mon mari et moi nous séparons, et j'ai été licenciée, dit posément Tara.

— Oh pauvrre petite, réagit Jacob en posant spontanément sa main parcheminée sur celle de la jeune femme.

— Non, ne vous inquiétez pas, répondit-elle en souriant de nouveau. Je suis en train de comprendre que, de toute façon, les choses ne pouvaient pas continuer ainsi. Certes, la rupture est violente mais, au final, elle était nécessaire.

— Je suis cerrtain que vous allez rremonter la pente et arrriver à voler encorre plus haut. Je suis cerrtain ! Oui ! Vous êtes comme madame Oze. Une belle perrsonne. Et je ne parrle pas le visage ou le corrps. Vous êtes une belle perrsonne dedans. Tout va s'arrranger. Vous verrez.

— Je l'espère de tout mon cœur, murmura Tara.

Deux tranches de brioche plus tard, elle quittait la maison de Jacob en promettant de repasser le voir très bientôt. Elle n'avait pas fait trois pas qu'elle vit s'avancer en face d'elle dans la rue la silhouette, désormais familière, d'Adam Marchal.

— *Buenos dias señorita* ! lui lança-t-il tout en marchant vers elle.

— *Hola señor* ! répondit-elle sur le même ton tandis que, sous sa peau, une bonne humeur soudaine lui parcourait les artères.

— Ça tombe bien que l'on se croise, continua Adam en parvenant à sa hauteur, j'ai justement quelque chose à vous demander.

Ou à vous proposer plus exactement. Je voulais vous appeler hier à ce sujet, mais je me suis aperçu que je n'avais pas votre numéro. Ce soir, il y a un grand feu d'artifice qui va être tiré sur le port. Tous les étés, en plus de celui du 14 juillet, ils en organisent trois ou quatre, associés à des thèmes divers. Celui de ce soir est consacré au flamenco. Seriez-vous partante pour aller le voir en ma compagnie ?

Prenant un air détaché, Tara fit mine de réfléchir. Mais, au creux d'elle, elle savait déjà fort bien ce qu'elle allait répondre. Et sa bonne humeur s'accrut encore davantage.

— Un feu d'artifice ? Hum. Oui, ça peut être sympa, lâcha-t-elle en contenant à la perfection son entrain.

— Je passe vous prendre chez Louisiane vers 21 h 30 ?

— OK.

— Ah, et tenez, voici mon numéro, ajouta-t-il en lui tendant un papier qu'il venait de chercher dans sa poche. Juste au cas où.

— OK, merci.

— Bonne journée et à ce soir, conclut-il en s'éloignant dans un dernier sourire.

Tara répondit à son salut d'un geste de la main. Dans son autre main, elle tenait le petit carton où était inscrite la série de chiffres. Elle ne prit pas garde qu'elle le maintenait serré entre ses doigts comme on agrippe la clé d'un coffre aux trésors.

Lorsqu'elle fut rentrée dans la maison, Tara se demanda comment elle allait occuper sa journée. Elle se sentait débordante d'énergie, avait envie de danser, de bouger, de délier son corps, de le faire transpirer.

Elle alla enfiler la tenue de gym qu'elle avait apportée dans sa valise, puis chercha sur YouTube des vidéos de cours de salsa. Installée sur l'épais tapis du salon, elle passa les deux heures suivantes à n'être que mouvements, déhanchements, tournoiements. Participant à la chorégraphie, Osiris passait et repassait, zigzaguant entre les jambes de la danseuse, réclamant des caresses que la jeune femme prodiguait entre deux arabesques.

En tout début d'après-midi, essoufflée, ruisselante et ravie, Tara vint boire d'une traite un demi-litre de jus d'orange dans la cuisine, et grignota trois biscottes-confiture.

Quelques minutes plus tard, elle s'installait avec délice dans l'écume neigeuse d'un bain moussant. Osiris se posta près du lavabo pour assister à la toilette de la Cléopâtre en herbe. Tara poussa un soupir de félicité. Que c'était bon d'avoir du temps, aucune contrainte, aucune pression ! Et la perspective du feu d'artifice la mettait en joie ! Tout en barbotant dans son écrin de bulles nacrées, Tara s'aperçut qu'elle avait hâte, oui, grande hâte, d'être au soir et de retrouver Adam.

— Mais ça n'a rien à voir avec lui, expliqua-t-elle à un Osiris attentif. Depuis toute gosse, j'adore les feux d'artifice. Je trouve ça magique. C'est pour ça que je suis impatiente, tu comprends.

Le chat pencha la tête, ce que Tara jugea être un assentiment.

Le bain fini, la jeune femme s'offrit divers soins de beauté et choisit sa tenue : une robe printanière d'un jaune éclatant. Puis elle se coiffa et se maquilla. Au fur et à mesure que les heures passaient, elle sentait grandir en elle une sensation singulière. Elle avait l'impression d'être comme une *prima ballerina* s'apprêtant à monter sur scène. Elle était à la fois excitée et anxieuse. Cet état l'intrigua car il n'avait aucune raison d'être. Elle ne se rendait pas à un rendez-vous galant ni à une remise d'Oscar, mais à un simple feu d'artifice. Et l'homme qu'elle s'apprêtait à rejoindre n'était pas George Clooney, mais Adam, son bon voisin arvanais. Rien qui justifiât qu'elle se sentît ainsi fébrile.

— Bon, viens, lança-t-elle au chat qui avait assisté à tous ces préparatifs, on va aller se prendre un thé, ça va me détendre.

Lorsque ledit thé fut terminé, Tara s'aperçut qu'il lui restait encore quatre heures à tuer avant l'heure convenue avec le libraire. Elle lut, puis regarda la télé, puis écouta de la musique, puis ne sut plus quoi faire pour tromper son attente. Elle tenta de faire un somme, mais se voyant incapable de s'assoupir, abandonna le canapé, et s'installa à sa table de dessin où elle tria ses croquis. Cela lui occupa convenablement la tête pendant un moment. Elle regarda alors l'heure sur son portable. 21 h 17. Allons, Adam n'allait plus tarder. Tara se leva et vérifia dans le miroir sa coiffure et son maquillage. Tout était impeccable. Elle revint s'asseoir, forçant son attention à se concentrer sur les chapeaux encore quelques minutes, tandis qu'insensiblement son cœur accélérait le rythme de ses battements.

Soudain, la sonnette de l'entrée résonna, stridente. Sonnette que Tara n'attendait que trop et qui, pourtant, la fit violemment sursauter. Elle prit une profonde inspiration, se composa un visage d'un calme olympien, et, d'une démarche assurée et tranquille, alla ouvrir.

— Bonsoir, dit-elle aussitôt d'une voix qui voulait démontrer sa nonchalance.

— Bonsoir, répondit Adam avec un grand sourire.

Il continuait de faire des efforts de présentation. Sa tenue était tout à fait correcte : costume bleu sombre, et chemise blanche, dont le col s'ouvrait à la naissance du cou. Durant une brève seconde, Tara songea qu'elle comprenait le charme que Diega, l'épouse d'Adam, avait trouvé à cet homme. Elle comprenait qu'une femme eût pu en tomber amoureuse. Jugeant alors cette pensée aussi incongrue que déplacée, Tara la chassa hors de son esprit.

— Prête pour la grande pyrotechnie d'Arvana ? reprit Adam.

— Absolument, répondit Tara en attrapant son sac.

Dehors, la nuit tombait peu à peu, allumant ses lumières électriques et enrobant d'ombres les maisons. Ils prirent le chemin du port.

— Vous n'auriez pas fait de la danse dans votre enfance ? continua Adam.

— Si. De la danse classique.

— Cela se voit dans votre démarche et votre maintien.

Elle sentit ses joues rougir sous l'effet de la louange, et espéra que lui ne s'était pas rendu compte de ce léger rosissement.

— Dites donc, le voisin, rassurez-moi, vous n'êtes pas en train de me faire du plat ? badina-t-elle, presque sans le faire exprès.

— Dieu m'en préserve ! s'exclama-t-il dans un éclat de rire spontané. D'abord, je ne saurais pas du tout comment m'y prendre, pour être honnête. Et puis, vu que je ne ressemble guère à Alexander Sasseguarde…

— Skarsgård !

— … OK, Skarsgård, ce serait une totale perte de temps. Je vous faisais un compliment de bon voisinage, rien de plus, n'ayez crainte.

Son ton était si naturel que Tara ne sut pas si elle était soulagée de cet aveu cordial, ou si son ego se trouvait tout de même un peu froissé de ne pas susciter davantage la convoitise de cet homme.

Une foule compacte de touristes se pressait déjà face à l'endroit d'où le feu allait être tiré.

— Je vous offre une gaufre en attendant que ça commence ? demanda Adam.

Par peur que la chantilly ou le chocolat ne vinssent gâcher son maquillage, Tara préféra prendre une simple crêpe au sucre. De son côté, Adam commanda une gaufre à la crème qu'il attaqua avec gourmandise.

— Ah tiens, mais c'est Mindy là-bas ! dit-il, les yeux dirigés vers l'autre bout de la jetée.

Suivant son regard, Tara entrevit effectivement la factrice, à plusieurs dizaines de mètres, postée contre une rambarde avec quelques amies à elle. Les ayant vus de son côté, la petite blonde leur fit un signe de la main, accompagné d'un clin d'œil enjoué. Tara ressentit une légère gêne à être surprise en compagnie d'Adam. Mais elle l'évacua aussitôt. Après tout, elle faisait ce qu'elle voulait et n'avait pas à se justifier de sortir en bonne camarade avec lui. Elle répondit à Mindy par un sourire discret.

— Venez, dit alors Adam en lui saisissant le coude, nous allons nous avancer sur la jetée. Comme cela, nous aurons une meilleure vue.

Se tournant vers lui, Tara s'aperçut qu'il avait un peu de crème fouettée au coin de la bouche.

— Attention, gourmand ! le prévint-elle dans un sourire, vous avez de la chantilly sur les lèvres !

Son bras, soudain autonome et comme mû d'une volonté propre, s'éleva vers le visage d'Adam pour y essuyer instinctivement la crème sucrée. Mais la raison de Tara fut aussi prompte que sa main. Prenant conscience de ce qu'elle s'apprêtait à faire, la jeune femme retint brutalement son geste, referma les doigts, et ramena son poignet contre elle dans un mouvement qu'elle tâcha de rendre naturel.

— Ah, merci, répondit Adam qui sembla n'avoir rien remarqué de l'action avortée.

Il s'essuya la bouche avec la serviette en papier qui accompagnait sa gaufre, et la jeta ensuite dans la poubelle la plus proche. Tara, elle, effarée par la drôle d'intention ayant saisi sa menotte, se trouva en proie à une gêne de jeune ado. Le feu commença sur ces entrefaites, et ce fut non sans soulagement qu'elle saisit là l'occasion de se focaliser sur autre chose que sur l'étrangeté de ses élans.

Le spectacle était de bonne tenue. Les feux pétaradaient, leur canonnade emplissant les ténèbres de la nuit. Chaque tir faisait exploser une corolle étincelante, aux tons vifs et chatoyants. Les détonations résonnaient dans la poitrine de Tara. Sur ses rétines, comme c'était le cas sur celles d'Adam, devaient se refléter les couleurs brillantes que crachaient tous ces gais volcans aériens. Envahie par ce doux vacarme, cernée de ces mille teintes qui laissaient derrière elles une fumée blanchâtre, la jeune femme sentit fleurir en elle un sentiment de libération, que les musiques sensuelles de flamencos endiablés qui faisaient cortège au feu aidaient d'autant plus à faire éclore. Quelques semaines auparavant, personne n'aurait pu prédire que Tara Volt se trouverait sur cette île bretonne un soir d'été, si loin du centre de Paris, et savourerait un magnifique feu d'artifice. Et pourtant, Tara Bouviers était bel et bien là ce soir ; et, forte de tout ce que son séjour lui apprenait, lui apportait, elle n'aurait échangé sa place pour rien au monde.

Le bouquet final fut grandiose, et déchaîna encore plus son enthousiasme. Elle laissa ses hanches suivre les rythmiques de la musique espagnole. Ses poignets s'élevèrent et elle battit des mains. Prise d'une joie de gamine, elle mordit sa lèvre inférieure et se mit à sourire, avec une félicité et une spontanéité extrêmes, qu'elle ne pouvait pas maîtriser.

Tournant brièvement la tête, elle vit le regard d'Adam posé sur elle. Un regard intense, continu. Qui la troubla et l'embarrassa. Il devait la trouver ridicule avec son allégresse infantile. Elle eut honte de s'être montrée sous un jour si candide et tâcha de reprendre une contenance moins démonstrative.

La foule se dissémina peu à peu et rendit au petit port sa tranquillité habituelle. Adam et Tara s'en retournèrent vers la rue de la Dame-Blanche.

— Je suis impressionnée, commenta la jeune femme. Je ne m'attendais pas à un feu aussi royal sur une si petite île.

— Quand je vous disais qu'Arvana est pleine de ressources !

— Plus je demeure ici, plus je comprends Louisiane.

— Et vous arrivez à occuper vos journées sans vous ennuyer ?

— C'est marrant, tout le monde me pose cette question, tout le monde a peur que je m'ennuie. Pourtant, un peu de calme et de solitude, ça n'a jamais tué personne. Je vivais dans un rythme tellement effréné à Paris, qu'en contrepartie ici, même si d'aventure j'en arrivais à m'ennuyer, je crois que cet ennui serait le bienvenu.

— En tout cas, si cela vous tente, l'office du tourisme organise des activités spéciales durant l'été : volley-ball, randonnées, bowling, visites historiques, parachute ascensionnel…

Tara hocha la tête, et se demanda en son for intérieur si Adam se montrait, là encore, purement courtois ou si, peut-être, il posait les premiers jalons de nouvelles sorties avec elle. Elle ne chercha pas à savoir laquelle des deux options lui plaisait le plus.

Ils s'arrêtèrent devant le jardinet de Louisiane. Un velours nuit foncé habillait la rue, seulement entrecoupé par les halos blancs des réverbères.

— Merci pour cette soirée, Adam, dit Tara. C'était une très bonne idée d'aller voir le feu, ça m'a beaucoup plu.

— J'en suis heureux.

— Bon, eh bien, je vous souhaite une bonne nuit.

— Bonne nuit à vous. Dormez bien.

Et là, au moment où Tara se demandait si, cette fois, il allait lui faire la bise, il s'avança vers elle, posa la main sur sa taille, et embrassa sa joue. Ce fut extrêmement bref, léger, volatil. Ça ne dura qu'une seconde. Le geste était venu naturellement, il n'était ni appuyé ni insistant. Mais Tara eut le temps de constater qu'Adam sentait bon, et aussi que ce contact fugace lui avait électrisé l'épiderme. Mais déjà l'instant s'était envolé et le voisin s'éloignait.

Lorsqu'elle fut dans la maison, Tara se dirigea vers le salon, s'assit dans le canapé, sans allumer les lumières. Son cœur battait la chamade. À moins que ce ne fût sa peau elle-même qui tremblait et vibrait. Mais que lui arrivait-il ? Un homme la frôlait et voilà qu'elle en perdait tous ses moyens. Était-elle à ce point en manque de tendresse ? D'autant plus qu'il s'agissait d'un individu qu'elle méprisait encore quelques jours auparavant. Il n'était pas pensable qu'elle fût attirée par lui. D'accord, il avait du charme. Et un charme tout à fait particulier, discret, apaisant, qui captivait sans en avoir l'air, et instillait l'envie de le côtoyer. Mais de là à être *attirée* par lui ! L'idée, pourtant, se fraya un chemin dans son esprit. Et plus l'idée enflait, plus une terreur proportionnelle empoignait la jeune femme.

— Stop ! s'écria-t-elle en se levant d'un bond. On arrête le délire. Tara, ma fille, tu ferais mieux d'aller dormir.

Une fois couchée, rejointe dans le lit comme chaque soir par Osiris, elle y repensa pourtant et parvint à se rassurer. Peut-être bien, aussi improbable que cela pût paraître, qu'Adam lui plaisait un peu. Et après ? Ce n'était pas un drame. Il s'agissait d'un béguin transitoire, à dimension sans doute même thérapeutique. Un genre d'amourette de vacances sans conséquences, parce qu'elle sortait d'une grande disette affective. Il n'y avait pas de quoi s'alarmer.

Rassérénée par son raisonnement qui la tranquillisait et la sécurisait, Tara saisit son portable et s'autorisa à écrire un texto à Adam. Après tout, elle ne l'avait pas remercié pour la crêpe. Et en lui écrivant, elle s'assurait qu'il aurait désormais son numéro, ce qui pouvait toujours servir. Elle envoya son message. Mais il devait être couché car il ne répondit pas. Après avoir attendu près d'une heure en faisant passer son téléphone d'une main à l'autre avec l'espoir qu'il se mît à vibrer, Tara, quoique légèrement désappointée, coupa son appareil, et éteignit la lumière.

Le lendemain matin, sitôt sortie du sommeil, elle se demanda si Adam allait la contacter durant la journée. En buvant son café, elle vit, par la fenêtre, que le temps était couvert, et décida instantanément de ne pas mettre le nez dehors.

— On va rester là aujourd'hui, annonça-t-elle à Osiris qui contemplait les nuages. Peinards, tous les deux.

Si elle avait raclé le fond de son dessein, Tara y aurait peut-être trouvé l'envie sous-jacente d'être là si le voisin venait à sonner à sa porte. Mais elle se contenta de prendre pour prétexte la météo et continua, à petites lampées, à vider sa tasse.

La matinée passa. Puis l'après-midi. Adam ne donna pas signe de vie. Ni visite, ni appel, ni texto. Se voulant d'abord indifférente, Tara dut finir par s'avouer qu'elle était affreusement déçue. Puis, sa déception se changea en bougonnerie, qui, elle-même, se mua en courroux. Elle s'en voulait d'être tellement à l'affût, suspendue aux initiatives que ne daignait d'ailleurs même pas prendre le libraire. Elle aurait trouvé bien plus logique que les rôles fussent inversés, et que ce fût lui qui guettât, impatient, ses messages à elle !

— Non, mais quel couillon, ce mec ! s'indigna-t-elle du canapé où elle était recroquevillée. Il aurait quand même pu prendre de mes nouvelles ! Ça se fait ! Je suis vraiment trop bête de me prendre la tête à cause de ce type.

Jetant un œil vers le premier étage, elle pensa à la caverne aux tarots et décida de se créer une diversion en procédant au cinquième tirage.

La carte qu'elle piocha montrait le dessin d'un renard au milieu d'un champ de blé. L'image lui fit immédiatement penser au *Petit Prince* d'Antoine de Saint-Exupéry, à ce moment du livre où le petit héros blond rencontre un goupil roux, et où tous deux décident de devenir amis, acceptant ainsi de s'apprivoiser mutuellement. Le tirage l'encourageait-il à une action similaire ?

— Question apprivoisement, je crois pourtant que ça va comme ça ! pesta aussitôt Tara. Je suis même un peu trop apprivoisée à mon goût, ajouta-t-elle en repensant à la contrariété que lui créait le silence d'Adam. Et voilà le résultat ! Je me retrouve comme une cloche, à attendre en vain quelque chose qui n'arrive pas. Si c'est ça ta consigne, tu peux aller au diable ! lança-t-elle à l'intention de la carte.

Plus maussade que jamais, elle alla prendre une douche rapide. Sous le motif de raffermir sa peau, elle s'infligea quelques jets d'eau glacée. Puis, sans même dîner, elle se coucha. Elle offrit quelque temps un visage renfrogné aux pages de son Patricia Cornwell. Mais, n'arrivant pas à se concentrer sur sa lecture, elle décida d'éteindre, pressée d'en finir avec cette déplaisante journée.

L'obscurité, pourtant, ne lui apporta pas le sommeil espéré. Elle se tournait et se retournait dans le lit, ressassant sa mauvaise humeur. Elle en était à maudire sa rencontre avec cet obscur libraire, lorsque son portable vibra sur la table de chevet. Elle se dressa, droite comme un *i* et complètement réveillée, harponna l'engin sans même allumer la lampe, puis braqua ses yeux sur l'écran.

Le message venait d'Adam. Et il ne comportait qu'une phrase :

Voulez-vous dîner avec moi demain soir ?

14

Partir quand même, pendant qu'il dort,
pendant qu'il rêve, et qu'il est temps encore.

(Françoise Hardy – *Partir quand même*)

La cage thoracique de Tara se dilata soudain, et ses poumons gonflèrent sous l'effet d'une brusque euphorie. Sa peau, des pieds à la tête, fut parcourue d'une onde de frissons. Tendant les doigts, elle alluma la lampe, et se redressa en appuyant son dos contre les oreillers. Ses prunelles parcoururent les mots d'Adam encore et encore. Et alors, toute la teneur de ce texto se déploya dans sa conscience. Il l'invitait à dîner. Un dîner en tête à tête ! C'était forcément la preuve qu'elle lui plaisait – déduction qui la mit aussitôt en joie. Une sensation de victoire l'envahit. Que c'était donc grisant de se sentir de nouveau courtisée ! Que cela lui avait manqué !

Pour l'heure, cependant, il fallait préparer une réponse. La réponse juste, en veillant à ne surtout pas se tromper. Trouver la bonne tonalité. N'en exprimer ni trop, ni pas assez. D'abord, Tara devait choisir quels mots employer. « Oui, d'accord », « avec plaisir », ou « volontiers », lui parurent des formules bébêtes et démontrant trop d'enthousiasme. Elle voulait paraître plus difficile à charmer. Elle réfléchit pendant vingt bonnes minutes, et, à l'issue de ces délibérations entre sa raison et ses élans spontanés, opta pour un simple « OK Adam », suivi d'un smiley.

C'était sobre, efficace, concis. À cela, elle ajouta « 20 heures ? » puisque lui n'avait pas pensé à proposer d'horaire. Elle relut ce qu'elle avait rédigé quelques centaines de fois pour être sûre que ce message était parfaitement calibré.

Elle patienta encore un moment avant d'envoyer quoi que ce fût. Il était hors de question de passer pour la fille vivant le téléphone au poing et répondant dans la seconde. Étant donné qu'Adam venait de lui « redonner la main », c'était à son tour de le faire mariner un peu. Tara voulait qu'il connût les affres de doute et d'attente qu'elle-même avait traversées tout le jour.

Au bout d'une demi-heure, elle estima qu'un temps convenable s'était écoulé – il ne fallait pas le faire trop poireauter non plus, il ne s'agissait pas qu'entre-temps il changeât d'avis ! – et elle envoya son texto, auquel il répondit deux minutes plus tard par un smiley approuvant l'heure suggérée.

Tara attendit encore un moment pour voir s'il ajoutait un « bonne nuit » ou un « à demain », mais… rien. Elle s'aligna et n'écrivit plus non plus. Mais, lorsqu'elle reposa son portable sur la table de nuit, un sourire de déesse vénérée faisait frémir ses lèvres. Et c'est avec le cœur recouvert de satin qu'elle s'endormit.

Au matin, le satin avait fondu et laissé place à un état de grande fébrilité. Tara tenta de le chasser avec quelques mouvements de gym et une douche tonique, mais l'état persista. En se cuisinant quelques champignons à la poêle avec une sauce au curry, Osiris à ses côtés, elle s'aperçut qu'un trac intense était installé, bien au chaud dans son ventre. Cela la sidéra. Avoir le trac parce qu'elle allait dîner chez le voisin !

— Osi, mon tout beau, je crois que je commence à perdre la boule ! avoua-t-elle au félin, en souriant pourtant.

Le chat, très occupé à faire luire ses poils lustrés au soleil inondant la table de la cuisine, émit un bref miaulement puis étira ses quatre pattes.

Tout en dégustant ses champignons, au son léger des respirations du chat assoupi, Tara constata qu'excitation et appréhension se disputaient décidément le territoire de son cœur. Elle avait hâte de retrouver Adam, hâte comme une collégienne qui en pince pour le prof d'anglais et attend, empressée, le retour de ses cours. Mais elle avait peur aussi. Peur qu'il tentât quelque chose. Car elle n'était pas sûre de la réaction qu'elle aurait alors. Accepterait-elle ses avances ? Au contraire celles-ci la dégoûteraient-elle ? Sans trouver de réponse à ces questions, elle se rendit compte que sa plus grande peur était encore qu'il ne tentât rien.

En début d'après-midi, pour se détendre un moment, elle se mit à sa table de dessins et esquissa plusieurs chapeaux. Passant en revue toutes les feuilles déjà noircies, elle se fit la réflexion que, depuis son arrivée sur l'île, elle avait quasiment constitué une collection complète.

— Si j'avais du cran, commenta-t-elle, je l'ouvrirais vraiment ma boutique. J'ai de quoi la remplir…

Son imagination commença peu à peu à envisager les démarches nécessaires. À regarder Victor travailler, Tara avait acquis nombre de connaissances commerciales et marketing sur lesquelles elle pourrait s'appuyer si elle se lançait pour de bon. La question était : sa communauté de fans la suivrait-elle dans ce projet ?

Curieuse, justement, de voir les réactions de ses *followers*, Tara prit une photo de ses dessins, qu'elle alla ensuite poster sur Instagram accompagnée de ses mots : Ce qui pourrait bien se profiler. #nouveauprojet #cequejaientête #chapeaux #mode #mavocationàmoi.

Ses yeux tombèrent alors sur l'horloge du salon.

— Ouh là là, il faut que je me magne ! s'écria-t-elle.

Elle devait encore aller acheter une bouteille de vin pour ne pas arriver les mains vides, et avoir ensuite suffisamment de temps pour se préparer.

Elle fila en centre-ville, et se procura, sur les conseils du marchand de vin, une bouteille d'un très bon bordeaux. Chez un antiquaire, elle dénicha aussi un petit cadeau supplémentaire pour Adam. Puis elle rentra à la maison, un œil toujours rivé à l'heure de son portable. Les minutes semblaient défiler à grande vitesse, et elle eut l'impression qu'elle ne serait jamais prête à temps. Elle commença à se préparer minutieusement. Aucune parcelle de son corps n'échappa à la mise en beauté à laquelle elle se soumit. Elle se choisit ensuite une robe beige clair parcourue de motifs floraux de dentelle noire. Elle débuta alors le maquillage.

Tandis qu'elle s'apprêtait, son esprit fit tourner ses rotatives à fond de train. Tantôt dans un sens, tantôt dans un autre. À un moment, prise d'un vertige de trac, Tara songea à tout annuler. Se ravisa. Y pensa de nouveau. Se ravisa encore. Dix fois la séance de maquillage s'interrompit selon que Tara était paralysée par une nouvelle vague de doute. Lassée par ces va-et-vient intérieurs, la jeune femme se leva, et se rendit dans la pièce aux tarots. Elle regarda avec attention la dernière carte tirée, comme si elle cherchait en elle une espèce de caution. Du fond de son champ de blé, le renard l'observait sereinement, semblant lui dire *laisse-moi une chance de t'apprivoiser*. Ce fut tout ce dont Tara avait besoin. Le message lui parut limpide : elle devait, de la même façon, laisser à Adam une chance de l'apprivoiser. Même si cela lui flanquait une peur bleue.

Elle redescendit au salon, vit qu'il était près de 18 heures. Elle consulta les réactions à son post d'Instagram et, à son grand plaisir, vit que la majorité de ses *followers* la félicitaient et se réjouissaient pour elle de ce nouveau projet. Tara l'interpréta comme un augure prometteur.

Elle vérifia ensuite son maquillage puis alluma la radio. La musique lui détendit un peu les nerfs. À chaque fin de chanson, elle regardait l'horloge. Autant en début d'après-midi, le temps lui avait paru filer aussi vite que le sable glisse entre les doigts, autant à présent, chaque minute se traînait comme une paresseuse sultane. Et sous la robe, sous le sein, sous la chair, un cœur battait de plus en plus fort.

À 19 h 57, après avoir checké une ultime fois son maquillage, sa coiffure, sa tenue, et s'être aspergée d'eau de parfum *Tara Bayan*, Tara quitta la maison de Louisiane, sa bouteille de vin dans une main, son sac dans l'autre. Tout en traversant la rue, elle adopta une démarche souple et sensuelle, celle qu'elle appelait sa démarche de lionne, juste au cas où Adam aurait été derrière sa fenêtre pour la voir arriver.

Il habitait l'autre bout de la rue, dans une maison blanche, étroite et haute, dont la lourde porte de bois sombre était entourée d'une rangée de pierres. Parvenue sur le perron, Tara sonna immédiatement. Elle ne voulait pas, s'il la regardait effectivement depuis l'intérieur, qu'il la vît hésiter ou avoir l'air intimidé.

Il ouvrit la porte. Il était habillé d'un jean noir et d'une chemise parme à manches courtes. Tara le trouva beau et sentit son cœur redevenir turbulent.

— Bonsoir Tara, dit Adam affichant un sourire que la jeune femme jugea un peu plus solennel que d'habitude. Vous êtes d'une ponctualité de roi. Entrez, je vous en prie, ajouta-t-il en s'effaçant pour la laisser passer.

Tout en s'avançant, elle lui tendit sa bouteille de vin.

— Merci, il ne fallait pas. Bienvenue chez moi ! continua-t-il en refermant la porte.

Tara parcourut le lieu des yeux. La maison était plus spacieuse que ne le laissait croire la façade. Le salon, aux meubles rustiques mais élégants, était encore agrandi par une cuisine américaine sur la droite. Au fond de la pièce, des baies vitrées donnaient sur un jardin arrière, et un escalier en bois massif menait au premier étage.

— C'est très mignon chez vous, commenta Tara, et arrangé avec beaucoup de goût.

— Je suis sûr que vous vous attendiez à trouver un fouillis d'homme des cavernes… Je me trompe ? questionna-t-il, taquin, en portant la bouteille à la table à manger.

— Plutôt à un fouillis de vieux bibliothécaire, pour être honnête, répliqua-t-elle sur le même ton mutin. Avec des livres et des paperasses partout.

— Ça, c'est au premier étage, dans le bureau et la chambre. Je dors entouré de bouquins et de papiers. Ça me rassure. Mais installez-vous.

Tara s'assit dans le sofa couleur framboise. Sur une table basse devant elle, Adam avait disposé des noix de cajou et des tomates cerises.

— Qu'est-ce que je vous sers ? demanda-t-il. J'ai du jus d'orange, de l'eau pétillante, du porto, du guignolet…

— Je veux bien un verre de guignolet. J'en bois toujours avec Louisiane. Elle aime bien ça, le soir, en petit apéritif.

Il alla chercher la bouteille dans la cuisine, les servit tous deux. S'asseyant à son tour, il leva son verre.

— Trinquons à votre séjour sur notre belle île ! Et à votre marraine, qui m'a offert le doux privilège de vous rencontrer !

— Vous ne deviez pas penser ça au début ! s'esclaffa Tara tandis que leurs verres s'entrechoquaient.

— Non, c'est vrai, confessa-t-il en riant. La première fois que je vous ai vue, quoique ressemblant à Vénus sortie des eaux avec votre serviette de bain, vous aviez plutôt l'humeur de Diane chasseresse !

— Et vous, vous m'êtes apparu comme une espèce d'exaspérant Forrest Gump.

— Nous en avons fait du chemin depuis ! Heureusement que nous ne nous sommes pas arrêtés à nos *a priori*. Je pourrai dire à Louisiane qu'elle a une adorable filleule.

— Et moi, je pourrai lui dire qu'elle a un voisin charmant.

Adam se leva alors pour aller vérifier la cuisson de son plat en cuisine.

— Ça sent drôlement bon, remarqua Tara.

— Je vous propose des gnocchis à la napolitaine. Sans viande. Je me suis souvenu que vous êtes végétarienne. Bon, je ne les ai pas préparés moi-même, je les ai achetés chez le traiteur. Par contre, la sauce, c'est moi qui l'ai cuisinée, avec du basilic frais et des tomates bios.

Tandis qu'ils passaient à table, Tara sentit une douce griserie, due au guignolet, s'emparer d'elle. Dehors, la nuit commençait à tomber. Adam alluma les trois bougies qui trônaient dans le candélabre de la table et emplit les assiettes avec les gnocchis, nappés de leur sauce écarlate. S'aidant d'un tire-bouchon, il ouvrit la bouteille de vin.

— Hum, il est délicieux, dit-il en goûtant l'alcool. Excellent choix.

— Oui, je suis contente, et je pense qu'il ira bien avec le plat, répliqua Tara en testant elle aussi le breuvage.

De sa fourchette, elle piqua le ventre dodu d'un gnocchi et le porta à sa bouche.

— Ça vous plaît ? demanda Adam, dont le ton trahissait une minuscule anxiété.

— Exquis, répondit-elle avec un geste de la main pour confirmer ses dires.

— Ouf ! Je suis soulagé ! Je ne peux pas m'empêcher de penser, ajouta-t-il en la regardant avec acuité, à quel point cela doit être étrange pour vous de vous retrouver ici, à ma table, ce soir, à partager un repas dans ma modeste demeure. Ça doit vous changer des dîners parisiens ! La vie très animée de la capitale doit vous manquer.

— Eh bien, non, aussi étonnant que cela puisse paraître, répliqua Tara du tac au tac. Vous savez, la télévision, l'univers de la beauté et le faste ont été au centre de ma vie pendant des années. Mais avec le recul, je me demande si je n'aurais pas préféré une existence plus simple, un foyer paisible avec un mari aimant, des enfants heureux.

— Était-ce incompatible ?

— Pour moi, oui, apparemment.

Elle posa ses couverts et plongea ses yeux dans ceux d'Adam.

— Quand j'avais 27 ans, j'ai fait une fausse couche. À cause du surmenage dû à l'émission. On m'a dit que je ne pourrais plus avoir d'enfants. L'idée que je ne serais jamais mère a été très dure à accepter.

— Pardonnez-moi, dit-il en posant la main sur son avant-bras. Je ne voulais pas vous peiner.

Lorsqu'il la toucha, une décharge électrique frappa Tara. Elle tâcha de dissimuler son trouble en arborant un sourire rassurant.

— C'est loin maintenant. Je m'y suis faite.

Il retira doucement sa main pour reprendre sa fourchette, laissant en manque la peau de la jeune femme qui aurait voulu que le contact se prolongeât.

— Vous n'avez pas songé à adopter ? demanda-t-il.

— Non. Avec Victor, je vois mal comment cela aurait été possible. Et puis nous aurions formé de drôles de parents pour ce gamin. Pas vraiment équilibrés.

— Maintenant, vous n'êtes plus avec lui.

— C'est sûr. Mais c'est encore trop frais pour que j'aie eu le temps de songer à me re-questionner sur mon désir d'être mère.

Après les gnocchis, Adam apporta une salade de roquette.

— Voulez-vous du fromage ? demanda-t-il, lorsqu'ils eurent terminé leurs assiettes. Ah non, c'est vrai, vous n'aimez pas les laitages ! Alors, passons directement au dessert ! J'ai prévu des tartelettes aux amandes et des fraises.

— C'est un vrai festin de prince, dites donc !

— Mais c'est que je reçois une princesse ! Je n'allais pas vous servir des raviolis en boîte tout de même, plaisanta-t-il.

Adam se dirigea vers la cuisine pour préparer les tartes et la coupelle de fruits. Son verre en main, Tara se leva et arpenta le salon en se livrant à un examen attentif des objets et de la déco. Tout en regardant chaque bibelot, elle songea qu'elle se sentait extraordinairement bien. L'alcool amplifiait sans doute la sensation mais il n'en était pas le créateur. Cette soirée était douce, veloutée, scintillante. Et Tara avait hâte. De quoi ? Elle n'en savait trop rien. De la suite. De ce qui allait se passer entre eux, dont elle ignorait encore tout mais qu'elle nimbait en cette seconde d'une magie délicate.

Sur une commode, près du canapé, des cadres photo étaient disposés. Elle les contempla. Ils racontaient la vie d'Adam, ses amis, ses parents, sa librairie. Cela lui ramena en mémoire les photos de Louisiane et le portrait de Geoffrey. Sa voix prolongeant spontanément sa pensée, elle demanda :

— Adam, vous croyez qu'on peut avoir des amours secrètes ? Des amours à soi, dont on ne parle à personne ?

— J'en suis sûr, répondit-il en apportant à table les desserts. Il arrive que l'on ressente quelque chose de si fort, de si inattendu, qu'il est difficile de le dire à quelqu'un...

L'esprit de Tara prit conscience qu'il avait prononcé cette phrase d'une voix marquée par l'émotion, mais avant qu'elle ait eu le temps de se demander ce que dévoilait cette émotion, ses yeux tombèrent sur une photo de Diega. C'était elle à n'en pas douter. L'épouse d'Adam. Une brune piquante, jolie comme un soleil d'été, au sourire éclatant. Juste à côté, il y avait une image du couple, riant ensemble sur une plage. Un tel bonheur émanait du cliché que Tara en eut le cœur griffé de jalousie. Les rétines fusillées par leur complicité évidente, la jeune femme s'en voulut d'avoir de telles réactions mesquines. Soudain grave, elle se tourna vers Adam. Lui, debout près de la table, immobile depuis qu'il avait parlé, la couvait des yeux.

— Tara, je dois vous dire quelque chose justement. Ce n'est pas facile et je redoute votre réaction. Je crois que vous... vous me trottez dans la tête. Le soir du feu d'artifice, vous étiez si joyeuse, si gaie, si... naturelle. Votre spontanéité, votre enthousiasme, m'ont touché, je vous ai découverte sous un jour nouveau. Quand, ensuite, je vous ai fait la bise, ça m'a complètement chamboulé. Comme si un éclair m'avait foudroyé ! Et j'ai alors compris que ce qui se passait dans mon corps n'était que la résonance de ce qui se passait dans mon cœur. Il m'a fallu une journée pour m'en remettre. D'abord pour accepter l'idée que je ressentais quelque chose de très fort pour vous. Et ensuite pour oser vous inviter à dîner.

Il se tut, avala sa salive.

— Je ne pensais pas pouvoir éprouver de nouveau des sentiments pour une femme, reprit-il. Mais voilà, c'est là, en moi. Et ça me rend à la fois paralysé de terreur et heureux comme un môme...

Buvant comme un nectar d'Éden chaque mot qu'il avait prononcé, y trouvant la symétrie exacte de ce qu'elle-même ressentait, Tara, les yeux flambants, s'approcha de lui. De ses mains, elle lui effleura les joues puis, timidement, avança ses lèvres vers les siennes. Leurs bouches, d'abord indécises, ensuite plus audacieuses, s'offrirent alors l'une à l'autre dans un tourbillon essoufflé. Le baiser s'approfondit, accentua sa houle intime, comme une rose déploie ses pétales. Tara dut s'amarrer aux épaules masculines pour ne pas tomber, tant le vertige la saisissait peu à peu. L'instant dura longtemps, et lorsque leurs lèvres se séparèrent, Tara s'attendit presque à trouver les bougies totalement consumées et le jour revenu.

Elle blottit son visage contre celui d'Adam. Celui-ci, très ému, lui murmura :

— Est-ce que je suis en train de rêver ?

— Non. Ou alors je rêve aussi, répondit-elle dans un sourire.

Il la garda serrée contre lui.

— Que j'aime ton parfum, avoua-t-il.

— Il est très spécial. Il s'appelle *Tara Bayan*. Bayan veut dire « dame » en turc. C'est mon père, qui était nez, qui l'a créé pour moi quand j'étais petite. Il lui avait trouvé ce nom poétique. Je lui suis toujours restée fidèle.

— Il te va si bien. Dame Tara…

Elle tendit le bras pour attraper une fraise dans la coupelle.

— Moi aussi, tu sais, j'étais très chamboulée depuis le feu d'artifice, dit-elle en croquant le fruit. J'attendais que tu m'écrives, ça me rendait dingue. Je suis contente que tu aies osé m'inviter.

Il resserra légèrement son étreinte. D'un mouvement de la nuque, elle pencha la tête, réclama un nouveau baiser.

Soudain, elle se souvint du cadeau qu'elle avait acheté pour Adam.

— Oh, mais j'avais complètement oublié ! s'exclama-t-elle en s'élançant vers son sac à main. Je t'ai apporté quelque chose.

Dans le sac, elle prit le petit paquet emballé.

— Je l'ai trouvé cet après-midi, expliqua-t-elle à Adam en lui tendant le présent.

Intrigué, il ouvrit le paquet délicatement et révéla un ravissant presse-papiers en plâtre peint, ayant la forme d'un livre ouvert.

— Oh que c'est joli ! dit-il.

— C'est vrai ? Tu aimes ? questionna-t-elle d'une petite voix inquiète.

— Ah oui. J'aime, répondit-il en la regardant droit au fond des yeux.

Elle se sentit rougir jusqu'à la racine des cheveux.

— Je sais déjà où je vais le placer, poursuivit-il alors. Là-haut, sur mon bureau. D'où je pourrai le voir en travaillant.

— Là-haut, dans le bazar du libraire ? blagua-t-elle.

Il secoua le menton.

— Tu me montres ? demanda-t-elle, curieuse.

— D'accord, mais c'est un peu en désordre.

Adam, qui tenait toujours son cadeau, s'engagea vers l'escalier et Tara lui emboîta le pas, les tartelettes à la main.

Le premier étage était entièrement mansardé et composé de deux pièces en enfilade, uniquement séparées par un entrelacs de poutres en bois verni. La première faisait office de bureau. La seconde était la chambre.

Adam avait dit vrai : cet étage était le royaume du papier, et le livre y régnait en roi, dévorant chaque espace libre, s'infiltrant dans chaque interstice.

— Voici mon antre de bibliophage, déclara-t-il en s'approchant du bureau en bois brut sur lequel s'amoncelaient ouvrages et dossiers.

— Effectivement, il y a quelques bouquins, euphémisa Tara.

— Déformation professionnelle ! Quant à ton cadeau, je le place là, décréta Adam en posant l'objet entre la lampe et le pot à stylos. À chaque fois que je le regarderai, je penserai à toi. Merci, murmura-t-il en s'approchant de la jeune femme et en déposant sur ses lèvres un baiser léger.

Heureuse que son présent eût fait mouche, elle lui sourit. Puis, son assiette gourmande toujours en main, elle alla s'asseoir sur le canapé d'angle, en cuir usé couleur café, qui faisait face au bureau.

— On écoute de la musique ? demanda-t-elle en désignant la chaîne, dans un coin de la pièce.

Adam alluma l'appareil. La voix de Chris Isaak entonnant *Wicked Games* emplit alors le pigeonnier. Adam vint rejoindre Tara sur le canapé et ils attaquèrent leurs tartes. Lorsqu'ils eurent terminé, ils échangèrent un nouveau baiser, au goût de frangipane. Puis Tara posa son visage contre l'épaule d'Adam. Elle voulait être contre lui, se fondre dans sa chaleur, se perdre dans son odeur.

— Je suis tellement bien, ici, ce soir, chuchota-t-elle. Ta maison est comme un cocon. On s'y sent à l'abri.

Il l'entoura de ses bras.

— Raconte-moi quelque chose ! réclama-t-elle d'une voix d'enfant. Quelque chose qui te passionne !

— Veux-tu que je te parle de Proust ? plaisanta-t-il.

— Oh oui ! Raconte-moi Proust ! acquiesça-t-elle, les yeux papillonnants d'une voluptueuse fatigue.

Alors doucement, tel un conteur, Adam parla de *À la recherche du temps perdu* et de ses personnages : Swann, Odette de Crécy, les Verdurin, Albertine… Bercée par le récit fervent qui promenait son imagination, le sang grisé par le vin et le cœur encore plus grisé par la présence toute proche du corps et des lèvres d'Adam, Tara finit par s'abandonner à un sommeil coloré.

Lorsqu'elle rouvrit les yeux, les couleurs avaient passé et plusieurs heures aussi. Pendant quelques secondes, elle ne sut plus où elle était, ne reconnaissant pas le cuir élimé contre lequel son front était posé. Puis elle se souvint. Le canapé, le dîner, les baisers, Adam… Tournant le visage, elle le vit endormi, tout près d'elle, dans une position assez grotesque, la tête renversée en arrière, et le cou formant un angle peu esthétique.

Une coulée de glace se déversa dans la chair de Tara. Il était ridicule. Ridicule et laid. Comble des combles, il ronflotait. Dégrisée, la jeune femme reçut de plein fouet l'image que lui renvoyait la réalité. L'exacte situation qui, dans la soirée, lui avait semblé idyllique, apparut minable à ses yeux. Que faisait-elle là ? De quoi avait-elle l'air au milieu de ce gourbi, près de ce gus échoué lamentablement ?

Sa mémoire prit un vicieux plaisir à lui rappeler leurs embrassades langoureuses. Tara en eut un haut-le-cœur. Quelle folie l'avait donc saisie ? Elle se rappela avoir voulu être près de lui, contre lui, tout contre, et ce souvenir la révulsa. La bouche tordue d'horreur, elle entrevit même ce qu'il pouvait donner nu, l'imagina flasque, bedonnant, peut-être velu sur le torse, idée qui lui provoqua un nouveau sursaut de dégoût. Comment avait-elle pu envisager de désirer cet homme ? Comment avait-elle pu déchoir à ce point ?

La chaîne s'était tue, seul un silence brumeux tapissait les murs. Apercevant le réveil du bureau, Tara constata qu'il était 2 heures du matin. Elle se redressa. Il fallait se ressaisir, et vite. Décamper à toutes jambes et oublier cette nuit aberrante. Sans faire un bruit, elle s'extirpa du canapé, jeta un dernier regard désenchanté sur le libraire amorphe, et redescendit l'escalier sur la pointe des pieds. En bas, elle attrapa son sac, puis sortit de la maison.

Rentrée chez Louisiane, elle monta se terrer dans la chambre. Seule dans l'obscurité, elle ressentit une violente envie de fumer, qu'elle ne put satisfaire, n'ayant pas de cigarettes. Elle posa son front lourd de remords sur l'oreiller. L'esprit rempli d'idées plus noires les unes que les autres, elle finit pourtant par s'endormir.

Elle se réveilla bien après l'heure du déjeuner le lendemain, avec une sensation de gueule de bois qui ne devait rien à l'alcool. Comme elle s'était couchée tout habillée et non démaquillée, elle commença par aller prendre une douche qu'elle espéra purifiante, porteuse d'amnésie. En sortant de la salle de bains, elle prit son courage à deux mains et entra dans la pièce aux tarots. Elle regarda la carte du renard. Celle-ci, il fallait s'y attendre, ne portait pas de croix bleue.

— Va te faire voir, saloperie de jeu ! s'emporta Tara, en donnant un coup dans la boîte. Toi, tu es tranquillement au chaud, dans ton coffret. Tu donnes tes consignes. Mais les risques, ce n'est pas toi qui les prends. Et les coups au cœur non plus. Tu me refuses ta croix bleue ? Eh bien soit, garde la ! Je ne suis plus une gamine à qui on balance des bons points. J'en ai marre de toi et de tes cartes ! s'énerva-t-elle en jetant le jeu au sol.

Hargneuse, elle descendit se préparer un café. Non sans une certaine crainte, elle prit son portable dans son sac et regarda si elle avait des messages. À son grand embarras, elle en trouva un, d'Adam, reçu en début de matinée.

> Tu es partie en pleine nuit. Est-ce que tout va bien ?

Après un bref moment de flottement, elle décida qu'elle n'y répondrait pas.

Elle alla au salon et tâcha de se vider la tête devant la télé. Pour la première fois depuis son arrivée, elle eut la brutale envie de retourner à Paris. À cet instant, elle entendit toquer avec vigueur aux volets.

15

Souffrir à force de s'étreindre et se confondre dans la nuit.

(Michel Sardou – *Et mourir de plaisir*)

Le premier réflexe de Tara fut de se recroqueviller au fond du canapé et d'éteindre la télé. Si c'était Adam qui toquait, elle n'avait aucune envie de le voir, mais vraiment aucune. Constatant que l'on continuait à frapper sans relâche, la jeune femme s'approcha en catimini de la cuisine, et tendit le cou pour apercevoir, par la fenêtre, le visiteur. C'était *une* visiteuse, dotée de bouclettes blondes et d'un visage rond. Tara laissa échapper un profond soupir de soulagement et vint ouvrir la vitre.

— Bonjour, mam'zelle ! clama Mindy. Pardon de vous déranger mais j'ai du courrier pour votre marraine. Son magazine sur les musées de France. Je suis passée ce matin mais y avait personne. Alors me revoilà !

— Merci, dit Tara en réceptionnant le journal.

— Oh, dites donc, vous, ça n'a pas l'air d'être la forme olympique ! Y a quelque chose qui vous turlupine !

— Non, absolument pas. Tout va bien.

— Oh hé, à d'autres, hein ! À moi, on ne me la fait pas ! Vous avez la mine toute chiffonnée d'une nénette qui aurait passé la nuit à compter des petits pois à la lueur d'un briquet. Vous voulez pas me dire ce qui va pas ?

Tara fit une moue hésitante. Elle ne savait pas trop si c'était prudent de raconter sa navrante aventure nocturne. En même temps, elle avait besoin de se confier. Et puis, surtout, elle ne voulait pas rester à la fenêtre, d'où Adam pouvait la voir s'il venait à passer.

— Je peux vous offrir un café ? proposa-t-elle à la factrice.

— Un peu que vous pouvez ! répondit cette dernière, enthousiaste.

Tara la fit prestement entrer dans la maison, tout en prenant soin de tirer les persiennes.

— Z'avez peur du soleil ? demanda Mindy, étonnée.

— Non, c'est juste que je préfère qu'on ne m'aperçoive pas du dehors.

Elle prépara deux tasses de café et installa Mindy à la table de la cuisine. La petite blonde plissa les yeux et scruta son interlocutrice avec attention.

— Bon, alors, racontez-moi ce qui va pas, mon p'tit chat. Quelque chose me dit que ça a à voir avec monsieur Marchal. Je me goure ?

Tara la regarda surprise, comme une enfant prise en faute.

— Comment vous le savez ?

— Parce que je sais tout ! J'ai un flair de limier. J'ai bien vu que vous vous tourniez autour de la poire.

Encore plus étonnée, Tara ouvrit de grands yeux.

— Ah bon ?

— *Natürlich* ! Alors, dites à tata Mindy, c'est quoi le problème ? continua la blondinette.

Tara soupira.

— Nous avons dîné ensemble hier soir. C'était… assez magique. On a parlé de plein de choses. Il était tellement doux, tellement intéressant. Je me sentais bien avec lui. Et puis… on s'est un peu embrassés.

— Jusque-là, ça va plutôt bien, remarqua Mindy. Où c'est-y que ça se déglingue ?

— On s'est endormi en écoutant de la musique, allongés sur son canapé. Sans avoir été plus loin, je le précise. Et puis, je me suis réveillée dans la nuit. Adam dormait. Et là, je ne sais pas… tout m'a semblé triste et piteux. Je me suis demandé ce que je faisais là. En plus, il… il ronflait, confessa-t-elle en baissant les yeux.

Mindy haussa les sourcils.

— Ah oui, en effet, ça, c'est un vrai drame ! dit-elle, narquoise. Y a rien de plus terrible qu'un bonhomme qui ronfle ! Sans doute que votre mari avait le bon goût de roupiller en mode motus, lui ?

— À vrai dire, il ronflait aussi.

— Ben, ça m'étonne pas ! Sérieusement, moi, des types qui ronflent pas, j'en ai jamais connu. Et je vais vous dire comment je vois les choses. Si le mec est un mec bien, qu'il ronfle, eh ben, on s'en tamponne le nénuphar. Soyez un peu indulgente, *milady* ! Vous laissez pas arrêter par un détail aussi stupide ! Monsieur Marchal, c'est un homme bien. Un vrai de vrai. Comme on voudrait toutes en recevoir un dans notre chaussette le jour de Noël. Faut pas passer à côté d'un gars comme ça. Surtout pour une raison pareille…

— Il n'y a pas que ça, tenta d'avancer Tara. Je suis en plein divorce. Je ne me sens pas vraiment prête pour me réembarquer avec un homme. Adam et moi, nous sommes tellement différents. Nos vies sont si peu compatibles. J'ai vécu à Paris, avenue Foch. Tandis qu'Adam, lui, mène une existence très retirée…

— Ah, je vois ce que c'est ! En fait, vous vous croyez trop bien pour lui ! Vous, vous êtes une femme connue, vous passez à la télé, vous vivez dans des beaux quartiers, tout ça, tout ça. Alors vous vous demandez comment vous pourriez être heureuse avec un petit libraire du fond de la Bretagne, pas vrai ?

— Je reconnais qu'il y a de ça, même si je n'en suis pas particulièrement fière.

— 'Scusez ma franchise, mais si c'était si bien votre vie, avenue Moche…

— Foch, rectifia Tara.

— C'est pareil ! Si c'était si bien votre vie là-bas, pourquoi vous êtes ici ?

— Vous marquez un point.

— Et quand monsieur Marchal vous a embrassée hier soir, ça vous a fait quelque chose ou ça vous a fait que pouic ?

— Non, c'était… délicieux. Oui, je crois que c'est le mot juste. Tendre et délicieux.

— Donc, c'était bien ?

Tara hocha la tête.

— Bah, alors, pourquoi est-ce que vous vous créez des nœuds au cerveau ? Si vous êtes bien avec Adam Marchal, soyez bien avec lui ! Et laissez tomber la philosophie. Vos histoires de différences, de compatibilité et consorts, moi, je crois que c'est rien que de la peur. Vous avez la pétoche ! Parce que c'est peut-être pas comme ça que vous envisagiez le bonheur. Vous l'attendiez sans doute enrobé de dorures, dans de la pierre de taille, en plein Paris. Et patatras, il vous arrive sous un toit de chaume au cœur d'une île perdue. Alors vous flippez. Mais c'est pas grave, ça ! Flippez si vous voulez, mais que ça ne vous empêche pas de tenter l'aventure.

Tara, les yeux fixés sur ce visage blond et bienveillant, qui, l'air de rien, venait de lui balancer ses quatre vérités, resta un moment silencieuse. Mindy finit sa tasse de café.

— Bon, ben moi, j'ai un rendez-vous chez le pédicure, annonça-t-elle. De votre côté, j'ai l'impression que vous avez besoin de cogiter un peu toute seule. Alors, je vais vous laisser.

La raccompagnant à la porte, Tara la remercia :

— Je crois que ça m'a fait du bien de vous parler, dit-elle.

— Ça fait toujours du bien de papoter entre nanas. Allez, bon courage et vous prenez pas trop le chou, conseil de Mindy !

— Au fait, je me demandais, Mindy, c'est votre vrai nom ?

— Ben non, bien sûr ! Mon vrai nom, c'est Marthe. Mais Marthe, c'est trop tarte, comme je dis toujours ! Alors j'ai pris Mindy.

Les deux femmes se firent la bise.

Une fois la porte refermée, Tara demeura songeuse. Les mots de la factrice trouaient de rais de lumière la noirceur de ses pensées. Son esprit tournant comme une girouette, elle n'avait soudain plus la même vision des choses que la nuit précédente. Tout ce qu'elle s'était décrit à elle-même comme étant atroce et insupportable, elle le jugeait tout à coup anodin et dérisoire. Mindy avait vu juste. Sur toute la ligne. La nuit dernière, Tara avait *flippé*. C'était la peur qui lui avait fait fuir la maison d'Adam, et non les ronflements du libraire. C'était la peur qui l'avait empêchée de pouvoir se réveiller à ses côtés ce matin, et de savourer peut-être avec lui les doux débuts d'une belle histoire. C'était la peur qui lui racontait qu'elle se devait d'être exigeante et de viser plus haut qu'un homme comme Adam Marchal. La peur et elle seule. Car son cœur, lui, ne souhaitait que se rapprocher du voisin et se blottir dans son affection.

Alors Tara commença à s'en vouloir. Peut-être qu'elle avait tout gâché en déguerpissant comme cela, sans un mot. Peut-être qu'il lui en tiendrait rigueur. Peut-être qu'il ne voudrait plus jamais la revoir. Nerveusement, la jeune femme se mit à ronger la chair entourant l'ongle de son pouce. Que faire maintenant ?

Aller s'excuser platement ? Répondre au texto d'Adam en inventant une excuse bidon ? Lui avouer ses craintes ? Persister à ne plus donner signe de vie ?

Se tenant le front, Tara retourna dans le salon et chercha un moyen d'échapper au bruit assourdissant de ses interrogations silencieuses. Devançant ses intentions, Osiris surgit dans la pièce et bondit sur la table. En passant, sa patte dut frotter la molette de la radio car l'appareil s'enclencha. Tara entendit alors Françoise Hardy lui susurrer :

… Mais si tu crois un jour que tu m'aimes
N'attends pas un jour, pas une semaine
Et cours, oui cours, jusqu'à perdre haleine
Viens me retrouver…

Frappée par la coïncidence, elle regarda simultanément la radio et le chat. Puis, un sourire étira ses lèvres tant ces mots arrivaient à point nommé. Elle voulut les voir comme un signe, ou mieux encore, comme un encouragement. Elle envoya un clin d'œil de gratitude au félin, lequel était décidément un complice extraordinaire.

Oui, vraiment, il était temps d'arrêter de penser, d'arrêter de vouloir tout contrôler. Il était temps d'accepter de ressentir. Temps de vivre enfin !

Priant pour qu'il ne fût pas trop tard et que son comportement n'eût pas définitivement refroidi Adam, Tara prit son portable et rédigea un texto. « Puis-je passer te voir ce soir ? » demanda-t-elle. Elle envoya son message et attendit, la frousse au ventre, une réponse. Celle-ci survint presque aussitôt. « Je serai chez moi à partir de 19 h. Tu peux passer quand tu veux. » Un profond soulagement envahit la jeune femme. Elle pourrait s'expliquer, essayer de réparer la situation.

Elle regarda l'heure sur son portable. Il était déjà 16 heures. Il fallait se dépêcher si elle voulait être présentable. Elle fila au premier se choisir une tenue, opta pour un pantalon-chemisier. Elle se fit ensuite un gommage puis un masque du visage. Et, après ces soins, elle s'attaqua au sempiternel maquillage. Trois quarts d'heure plus tard, toute pomponnée, la face hollywoodienne à souhait, elle se contempla dans le miroir de la chambre. Le résultat était irréprochable.

Et pourtant, oui pourtant, ce qu'elle vit dans la glace ne lui plut pas. Mue par une étrange impulsion, elle alla chercher coton et démaquillant, et déconstruisit tout le travail esthétique qu'elle venait d'accomplir. Tout à coup, elle ne voulait plus de cette face fardée. Ce soir, pour la première fois, elle voulait présenter son visage nu, son vrai visage, sans camouflage.

La peau libérée de toute trace de cosmétiques, elle se regarda de nouveau dans le miroir. Sans artifices, elle avait l'air d'une femme de 40 ans. Aux rides s'accrochant çà et là, et aux cheveux blancs naissants. Et après ? Pourquoi aurait-elle dû les cacher ? Puisqu'elle *avait* 40 ans, pourquoi chercher à en faire 20 ? Pendant plus de deux décennies, elle n'avait été obsédée que de son apparence, occultant tout ce qu'il y avait en elle de profond, d'authentique, se contentant d'être le trophée qu'un homme puissant exhibait aux yeux du Tout-Paris. Cette époque devait prendre fin.

Continuant d'observer son reflet dans la glace, Tara aperçut à son cou les trois chaînettes d'or qu'elle ne quittait jamais. Les frôlant du doigt, elle songea que, bientôt, il lui faudrait s'en séparer. Elle se sentait en paix avec ceux qui les lui avaient offertes : son père, sa mère, Victor. Mais elle n'avait plus envie de porter ce témoignage du lien qui l'unissait à eux. Sa gorge, elle aussi, méritait l'émancipation. Le passé devait briser ses chaînes, même si celles-ci étaient en or et provenaient des êtres que Tara avait le plus aimés dans sa vie. Bientôt, ces chaînes, elle cesserait de les porter, elle s'en fit la promesse.

Passant le museau par la porte, Osiris entra dans la chambre et scruta la femme démaquillée. Le spectacle dut lui plaire car il vint se frotter d'aise contre ses jambes.

Avant de partir, Tara passa par la caverne aux tarots où elle ramassa le jeu *Odissea* qu'elle avait envoyé au sol quelques heures plus tôt. Elle se sentit presque fautive d'avoir été si violente avec lui. Elle le réinstalla sur la table et replaça près du coffret la carte du renard, toujours exempte de croix bleue.

— Souhaite-moi bonne chance, messire goupil ! lui lança-t-elle.

Sur ce, elle se mit en route.

À 19 h 30 pétantes, elle appuyait sur la sonnette d'Adam. Elle avait un trac monstre, aussi fort, si ce n'était plus, que celui de la veille.

Il ouvrit la porte. Il était habillé d'une chemise blanche et d'un pantalon de grosse toile qui aurait normalement fait grigner la Tara chochotte et parisienne. Pourtant ce soir, Tara, la renarde en quête d'apprivoisement, n'avait que faire de ce genre de broutille.

— Bonsoir, dit-elle d'une toute petite voix.

— Bonsoir, répondit-il d'un ton calme. Entre, je t'en prie.

Elle s'avança jusque dans le salon tandis qu'il refermait la porte.

— Je te sers quelque chose à boire ?

— Non merci, je n'ai pas très soif.

Elle s'assit dans le canapé. Lui s'installa dans un fauteuil, juste en face, ne cessant pas de la regarder gravement.

— Il fallait que je te parle, commença-t-elle. C'est pour ça que je suis venue. Je voulais… t'expliquer un peu… ce qui s'est passé…

Elle cherchait ses mots comme on tâtonne dans le noir, craintive à l'idée de mal s'exprimer ou de ne pas trouver les phrases justes. Elle décida que le mieux était de tout avouer franchement, sans faux-semblants.

— Je suis désolée pour cette nuit, se lança-t-elle. Je suis partie comme une voleuse. Je ne sais pas ce qui m'a pris. Ou plutôt si, je sais. En fait, j'ai eu peur. Peur que ça aille trop vite, peur de m'être trompée, peur qu'au matin la magie se soit envolée et que nous nous trouvions affreusement embarrassés l'un à côté de l'autre. J'ai voulu reprendre le contrôle de mes sentiments. Alors je me suis enfuie. Et, aujourd'hui, j'ai passé une grande partie de la journée à m'en vouloir terriblement et à me dire que j'avais peut-être tout gâché. Mais cette nuit, c'était plus fort que moi. J'ai eu trop peur…

Elle se tut alors, attendant qu'il réagisse.

— Merci pour ta franchise, répondit Adam, en parlant lentement, et presque à voix basse. Je comprends ce que tu ressens. Moi aussi, j'ai peur. Tu m'attires follement, mais tu me terrorises tout autant. Je crains de souffrir. Au petit jour, quand j'ai vu que tu n'étais plus là, ça m'a fait comme un réveil brutal après un joli rêve. J'ai eu peur que tu aies regretté ce qui était arrivé, que tu aies regretté de m'avoir embrassé. Je tremblais à l'idée que ce n'ait été qu'un moment d'égarement pour toi. Et c'était terrible parce que, moi, je ne regrettais rien, j'avais vécu une soirée magique. Et comme, ce matin, tu n'as pas répondu à mon texto, je me suis dit que mon appréhension était fondée. Alors, j'ai essayé de me blinder pour que tout ça me fasse le moins de mal possible mais ça n'a pas tellement marché. Je m'attendais même à ce que tu sois repartie pour Paris.

— J'y ai pensé, reconnut-elle. Mais, très vite, j'ai compris que je ne pouvais pas faire ça. Si je retourne à Paris maintenant, je ne saurai jamais.

— Qu'est-ce que tu ne sauras jamais ?

— Ce que peut donner notre histoire.

Il leva vers elle deux grands yeux ardents.

— Ça veut dire que… ?

— Ça veut dire que je veux nous donner une chance. Enfin, si toi aussi, tu le souhaites. Je sais que ce ne sera pas forcément simple, parce que nous avons été, chacun à notre manière, écorchés par la vie. Et aussi parce que j'ai un caractère qui, parfois, me joue des tours. Mais je veux essayer. Si tu le veux aussi.

Il la regarda d'une façon si intense, si éloquente, que Tara sentit un soleil de chaleur et de joie naître dans son ventre. Elle le vit alors se lever du fauteuil et venir la rejoindre sur le canapé.

— Tu es sûre de toi ? murmura-t-il.

Les yeux embués, elle hocha la tête. Lui-même ému jusqu'aux cils, il avança les mains vers son visage, mesurant chacun de ses gestes, osant à peine la toucher. Elle, plus impulsive, s'agrippa à sa chemise, et jeta son front contre ce buste protecteur, aux bras si tendres. Naturellement, leurs lèvres se cherchèrent, se rencontrèrent, s'unirent passionnément. Toutes les heures troubles que Tara avait vécues depuis son réveil à l'aube dans cette même maison purent enfin s'évanouir au sein de ce baiser, qui dissipait les peurs et les malentendus.

Lorsque leurs bouches acceptèrent de se séparer, Adam proposa d'improviser une dînette, offre que Tara fut trop heureuse d'accepter. Il alla donc préparer une grande salade de crudités, accompagnée d'une pastèque et d'un sorbet citron.

Pendant qu'ils mangeaient, l'un à côté de l'autre, leurs mains se cherchant sans cesse et leurs yeux ne se quittant pas, ils se reparlèrent de leurs vies, de leurs blessures, et surtout de ce désir d'aimer, que chacun, au contact de l'autre, redécouvrait en lui.

Une fois le repas terminé, Tara se tourna vers Adam et lui dit :

— J'ai envie de danser un slow.

— Hum, c'est un souhait qui me paraît facilement réalisable, répondit-il en souriant, même si je te préviens que je suis un piètre danseur.

Il se leva, lui tendit la main.

— Si vous voulez bien me suivre, princesse.

Ensemble, ils montèrent l'escalier, jusqu'au bureau d'Adam. Il alluma la chaîne hi-fi. Sinatra leur chanta la romance de deux étrangers dans la nuit. Leurs corps se rejoignirent, ondulant au rythme de la voix du crooner. Ils continuaient à se regarder, insatiablement.

— Que tu es belle ! murmura Adam.

— Pourtant, tu sais, ce soir, je ne me suis pas maquillée.

— Justement, tu es si belle sans maquillage.

Il ne pouvait lui faire de plus merveilleux compliment. Tara en rosit de plaisir. Elle se serra davantage contre lui. Renversant la tête en arrière, elle lui présenta ses lèvres, qu'il embrassa avec tendresse puis avec gourmandise. Cessant d'être dociles et de suivre la musique, leurs corps se pressèrent l'un contre l'autre, s'agrippèrent, se révélèrent soudain affamés, impatients. Portés par une vague de désir, leurs chairs toujours étroitement mêlées, ils naviguèrent jusqu'au lit, y cherchèrent refuge, encore un peu timides, un peu malhabiles. Adam plongea ses yeux dans ceux de Tara. Il lut dans ses prunelles une certitude et un appel qui dissipèrent ses dernières hésitations. Tous deux s'abandonnèrent à l'envie qui avait happé leurs épidermes.

Tara constata qu'il avait effectivement un petit bedon et quelques poils sur le torse. Mais, à sa grande surprise, cela ne la rebuta pas. Au contraire, ces imperfections le rendaient encore plus désirable.

Ce fut très doux et très fort en même temps. La jeune femme n'avait pas connu beaucoup d'hommes. Le seul garçon de sa vie sensuelle avait été Victor, qui faisait l'amour comme un char d'assaut, tel un conquérant voulant annexer une nouvelle terre vierge. Dans les bras d'Adam, Tara découvrit des sensations insoupçonnées. L'amour, avec lui, s'apparentait à une vague d'océan. Mais pas une déferlante. Une douce vague, assiégeant lentement, submergeant tendrement. Nue sous ses caresses, elle se sentit comme la première femme avec le premier homme. Ève aimant Adam. Un retour à la pureté originelle.

Elle s'éveilla le lendemain matin à la lumière d'un soleil que la lucarne laissait entrer, et qui lui réchauffait le dos. Adam était assis au bord du lit, déjà habillé.

— Je ne voulais pas te réveiller, dit-il en lui caressant la joue. Mais je vais devoir partir ouvrir ma boutique. Tu as bien dormi ?

Elle répondit par un ronronnement voluptueux.

— Est-ce que tu veux que l'on se voie ce soir ? questionna-t-il.

— Oh oui, je le veux !

— D'accord ! acquiesça-t-il avec un immense sourire. Alors, voilà ce que je te propose. Passe me chercher vers 18 h 30. On ira dîner dans un endroit que je connais. Je réserverai une table. Je t'ai préparé du café et du pain brioché. Tu fais comme chez toi. Et tu n'auras qu'à tirer la porte en partant. À ce soir.

Il lui fit un baiser léger et enfila sa veste. Quelques instants plus tard, Tara l'entendit quitter la maison. Elle s'étira longuement, savourant toute la félicité qui parcourait sa chair. Puis, elle se leva, fit le lit, but un rapide café. Se souvenant alors qu'elle avait un petit fauve à sa charge, elle rentra chez Louisiane le nourrir.

Elle n'était pas arrivée depuis dix minutes qu'elle reçut un texto. « Tu me manques ! » Le message la fit sourire jusqu'aux oreilles. « Toi aussi ! » répondit-elle immédiatement. Après avoir donné sa pitance à Osiris, elle monta directement dans la pièce aux tarots. En retenant son souffle, elle s'approcha de la table et regarda la carte au renard. Celle-ci, enfin, présentait une glorieuse croix bleue. Tara en ressentit une bouffée de pure joie. Elle saisit son carnet et nota :

Cinquième tirage : je suis parvenue à oublier ma peur et à me laisser apprivoiser. J'ai écouté mon coeur plutôt que mes doutes !

Et cela lui parut être une victoire qui méritait vraiment qu'elle en tirât allégresse et fierté.

Elle occupa sa journée à savourer le bonheur nouveau qu'elle ressentait. Elle lut, dansa, papouilla le chat, alla se promener. Toutes activités qu'elle mena avec une âme légère, émerveillée de ce qui était en train de lui arriver.

Le soir venu, Adam l'emmena dîner dans un restaurant de fruits de mer à l'autre bout de l'île. Et, hormis le temps qu'il consacra à la librairie le lendemain matin – on était samedi ! –, ils restèrent ensemble tout le week-end, sans se quitter d'un pouce, à se repaître de la grâce de leur amour naissant.

16

When you leave the world behind,
and bid your cares goodbye, you can fly, you can fly[1].

(PETER PAN – *You Can Fly*)

Le lundi matin, en revenant chez Louisiane, Tara songea qu'elle devait pourtant terminer son odyssée. Il lui restait encore deux cartes à tirer. Elle s'installa à la table, et procéda donc au sixième et avant-dernier tirage. La carte, bientôt, laissa apparaître le dessin d'une étonnante pyramide multicolore. Tara pensa d'abord aux pyramides d'Égypte, mais ne vit pas quelle action pouvait bien découler des tombeaux d'anciens pharaons. Elle prit son portable et lança une recherche Pyramide + Couleurs. Elle tomba en premier lieu sur une pyramide de classification des aliments qui ne lui parut guère pertinente en la circonstance. Plus intéressant, elle tomba ensuite sur la pyramide dite de « Maslow », dont les couleurs correspondait à celles du triangle de la carte.

Elle se souvint alors avoir étudié cette pyramide lors des cours de commerce de sa formation de styliste. L'outil de Maslow permettait de lister hiérarchiquement les besoins essentiels de chaque individu. Tara en déduisit que la carte l'amenait à se

1. « Laisse le monde derrière toi, oublie tes soucis et alors tu pourras t'envoler. »

questionner sur ses besoins primordiaux. Ce qui était bien là, il fallait l'avouer, une question qu'elle ne s'était pas posée depuis des lustres. Ces dernières années, ses besoins fondamentaux s'étaient peu à peu mués en habitudes, en gestes mécaniques, que la routine obligeait à reproduire quotidiennement sans plus jamais en interroger le sens.

Installée dans son atelier, elle consacra une bonne partie de l'après-midi à plancher sur le sujet. En théorie, définir ses besoins essentiels paraissait être d'une simplicité enfantine. Dans la pratique, l'entreprise était plus complexe, et impliquait de débroussailler les attentes et les désirs que Tara portait au fond d'elle.

Pour s'aider, elle choisit dans son iPod la chanson *Toi sinon personne* de Michel Berger et France Gall. Les chanteurs la bombardèrent de leurs questions musicales.

> *Qui a la clé de ces mystères qui t'appartiennent ?*
> *Qui pourrait t'aider pour trouver les pierres qui te soutiennent ?*
> *Qui a la clé de tes passions qui se déchaînent ?*
> *C'est toi, toi, toi, sinon personne.*

Certes, c'était bien elle qui possédait censément la clé de ses passions, de ses besoins et de ses aspirations. Mais leurs contours exacts restaient confus dans son esprit. Elle parvenait à la conclusion, un tantinet basique, que, comme tout le monde, elle avait besoin d'être heureuse et de s'accomplir. Son raisonnement avait du mal à aller plus loin.

Peu satisfaite de ce résultat, elle décida de procéder plus méthodiquement. La pyramide de Maslow comportait cinq étages colorés énumérant les besoins physiologiques, les besoins de sécurité, les besoins d'appartenance, les besoins d'estime et les besoins d'accomplissement personnel. Mais ces appellations n'inspiraient guère Tara. Tout en gardant en tête le principe d'inventorier ses besoins, elle opta pour d'autres termes et pour une autre répartition, plus proches de ses préoccupations réelles.

Sur une feuille blanche, elle traça un tableau composé de quatre colonnes résumant les quatre grandes dimensions de sa vie. Cet agencement, quoique différent de la classification de Maslow, l'aida à clarifier sa réflexion. Prenant chaque colonne une par une, elle écrivit spontanément ce qu'elle avait à cœur de concrétiser dans chaque domaine. Cette façon de procéder porta ses fruits, et bientôt, Tara put contempler le résultat suivant :

Vie personnelle	Vie professionnelle	Vie sentimentale	Vie sociale
• Vivre authentiquement • Materner et élever des enfants • Partager, donner, recevoir	• Créer quelque chose de personnel et d'unique • Avoir une activité qui ne dépende pas de mon compagnon	• Construire à deux. Vivre une histoire sérieuse et durable, basée sur la confiance • Avoir un compagnon fidèle et aimant • Lui être fidèle et l'aimer	• Me prouver que je vaux mieux qu'un simple physique avantageux • Me sentir utile

En relisant ce qu'elle venait d'écrire, Tara ne put que faire le constat que ces besoins profonds, qu'elle venait de mettre au jour, elle n'avait pas pu, par la force des choses, les respecter jusqu'ici. L'organisation de son ancienne vie l'en avait empêchée. Elle s'aperçut aussi que n'apparaissait nulle part dans ces colonnes ce qu'elle avait si longtemps cru être les grands piliers de son existence : l'apparence, la célébrité, l'image, l'argent, les mondanités… Ses vrais besoins, ses besoins essentiels, se plaçaient ailleurs, radicalement ailleurs.

Comment avait-elle donc pu tenir si longtemps dans un quotidien aussi éloigné de ce qui comptait vraiment pour elle ? Il n'était pas étonnant que sa vie se fût peu à peu vidée de toute signification, de toute passion. Et Tara se rendit compte que, au-dessus de tous les besoins qu'elle venait de définir, il en était un qui les dépassait et les englobait tous : celui de tirer un trait définitif sur sa vie passée. Aussi l'inscrivit-elle en rouge au bas de la feuille.

Pour être sûre de ne jamais plus oublier ce qu'elle venait de mettre en lumière, elle prit, avec son portable, une photo de son tableau. Elle pourrait ainsi l'avoir toujours sur elle et le consulter à l'envi.

Une fois l'exercice terminé, Tara se décida à faire quelques courses. Au moment où elle sortait de la maison, elle entendit la sonnerie caractéristique du vélo de Mindy. Lorsque celle-ci passa devant elle, Tara lui fit un geste de la main. La factrice s'arrêta et vint la saluer.

— Alors, comment va notre Parisienne préférée ?

— Elle va bien, répondit Tara en piquant un fard. Et je suis contente de vous voir parce que, Mindy, il fallait que je vous remercie.

— Me remercier de quoi, mon p'tit chou ?

— De ce que vous m'avez dit la semaine dernière. Vous m'avez secoué les bretelles et vous avez eu raison. Ça m'a remis les idées en place.

— Et ça s'est arrangé avec m'sieur Marchal ?

— Oui, chuchota Tara en rougissant de plus belle et en laissant paraître un large sourire.

— À la bonne heure ! Pouvez pas savoir comme je suis contente pour vous ! Ça me faisait peine de vous voir toute coincée comme ça. Parce que, vrai, quand le bonheur se fait pas radin, faut en empoigner sa bonne part sans réfléchir à deux fois. Et puis, ça vous va bien le sourire béat et l'œil qui frise. Continuez comme ça, mon p'tit lapin !

Elles éclatèrent d'un rire complice et repartirent, chacune, vers leurs occupations.

Longeant la jetée, Tara passa devant un embarcadère proposant du parachute ascensionnel. Lui revint en tête ce besoin, primordial, qu'elle avait, de se libérer définitivement de son passé. D'instinct, son esprit lia les deux éléments. Dans sa vie d'avant, étant un peu sujette au vertige, Tara aurait fui ce genre de loisirs à sensations fortes. Pourtant, en ce bel après-midi de juillet, elle brûla d'envie de s'inscrire à l'attraction. Il lui sembla que c'était là l'acte symbolique parfait pour marquer la coupure et passer d'un avant clôturé à un après qu'il lui tardait d'écrire. Obéissant à son coup de tête, elle acheta deux billets.

Ravie de son initiative, elle fit un saut à la librairie d'Adam.

— Hello princesse, dit-il en venant l'embrasser. Que me vaut le bonheur de ta visite ?

— J'ai une surprise, annonça-t-elle en posant ses sacs de courses et en sortant les tickets. Je me suis permis de suivre une impulsion, j'espère que tu ne la jugeras pas trop fofolle. Voilà, je nous ai pris deux billets pour un tour en parachute ascensionnel !

Il la regarda, étonné. Elle continua sur sa lancée :

— Je sais que tu détestes monter dans un bateau. Et moi, je t'avoue que l'idée de me retrouver flottant de-ci de-là dans les airs me flanque une méchante trouille. Mais justement. Je me suis dit que… enfin, tout à coup, j'ai eu envie… ou plutôt, j'ai pensé… Bref, est-ce que tu veux bien qu'on essaie de dépasser nos hantises ensemble ? J'ai conscience que ça peut paraître bizarre, et peut-être que tu ne voudras pas mais… Je ne sais pas comment dire… J'ai vraiment envie de vivre ça avec toi et d'en faire le symbole d'un nouveau départ. Est-ce que tu es d'accord ?

— Bien sûr que je suis d'accord, murmura-t-il après un instant de silence, en l'embrassant de nouveau. Quand désires-tu que nous fassions cela ?

— Ce soir ? avança-t-elle avec des grands yeux de petite fille. C'est ouvert jusqu'à 20 heures.

— OK pour ce soir ma princesse.

En fin d'après-midi, ils se tinrent donc devant l'embarcadère, vêtus tous deux d'une tenue de bain et d'un T-shirt. Au moment de grimper à bord, Tara sentit une boule cotonneuse grandir dans son ventre. Et, à la légère crispation de la mâchoire d'Adam, elle vit qu'il n'en menait pas large non plus. Elle lui saisit la main et le regarda longuement dans les yeux. Puis ils montèrent ensemble dans le bateau. Le pilote leur tendit les gilets de sauvetage obligatoires, les harnacha, puis les dirigea vers la plate-forme d'où ils allaient décoller. Ils accrochèrent leur harnais au câble du parachute. Tara prit de nouveau la main d'Adam, enchevêtrant fiévreusement ses doigts aux siens.

La voile gonflée d'air s'éleva, emportant dans son ascension les deux passagers légèrement tremblants. Voyant ses jambes se balancer dans un vide de plus en plus étendu à mesure qu'ils gagnaient en altitude, la jeune femme prit une inspiration qui ressemblait davantage à un cri étouffé. S'envolant toujours plus haut, leurs corps oscillèrent doucement, au rythme du vent. La mer s'éloignait d'instant en instant, devenant une immensité bleutée, étalée sous leurs yeux impressionnés, parcourue de crêtes d'écume. D'abord tétanisée, osant à peine bouger ses bras, son cou ou ses pieds, Tara finit par apprivoiser cette sensation de néant flottant dans laquelle elle évoluait. Elle ne voulait pas que la peur ou le vertige fussent ce qui primait. Elle devait trouver en elle la force de savourer la grisante liberté que lui offrait cette expérience. Se forçant à remplir régulièrement ses poumons et à garder les yeux ouverts, elle tâcha de relâcher tous ses muscles tendus.

Elle tenait toujours les doigts d'Adam, leurs deux mains continuant de ne former qu'un seul poing. Étendant lentement son autre bras, elle imagina qu'elle était un oiseau, volant sans entraves et sans crainte, à pleines ailes. Le ciel, peu à peu, cessa d'être un gouffre pouvant absorber son corps trop frêle, et devint une aire infinie de sensorialité aérienne.

Tara et Adam filaient dans les nuées, tout comme Peter Pan et Wendy. Leurs mines apeurées avaient fait place à des sourires réjouis, ils se laissaient envahir du plaisir de partager cet instant d'exception. Ils étaient seuls, sous la voûte céleste, reliés à la Terre par un mince cordon ombilical, seuls et libres, seuls et ensemble.

Et Tara eut une impulsion. Portant la main aux chaînes de son cou, elle sut que le moment était venu. Elle aimait son père, elle aimait sa mère, elle avait aimé Victor ; elle avait porté, à tous trois, leurs espoirs, leurs ambitions, leurs chagrins, leurs névroses aussi. Mais aujourd'hui, elle voulait vivre pour elle, par elle, en suivant un chemin qui fût le sien propre, affranchie du poids de désirs extérieurs. C'était bien pour cela qu'elle voletait en plein azur, pour matérialiser cette soif d'émancipation et de table rase. Elle agrippa les trois chaînes, et d'un geste de fauve, les arracha de sa gorge. Sentant alors sur elle le regard étonné d'Adam, elle se tourna vers lui.

— Je me libère de mon passé ! lui cria-t-elle.

Puis, faisant des bijoux une triple offrande à l'océan, elle jeta au loin ces vestiges d'une vie révolue.

Lorsqu'ils furent revenus sur la terre ferme, ils tombèrent dans les bras l'un de l'autre.

— Merci de m'avoir accompagnée là-haut ! s'exclama Tara.

— C'est pour te débarrasser de tes chaînes que tu voulais le faire ? questionna Adam, le visage encore pâle.

— Non, pas vraiment, je ne l'ai pas du tout prémédité. C'est venu comme ça, instinctivement. Ces chaînes représentaient mon passé. Et je me sens tellement libérée ! Merci d'avoir partagé ce moment avec moi.

— Merci à toi, répondit-il. Je crois que ça m'a fait du bien, à moi aussi. J'ai réussi à remonter dans un bateau. Autre que la navette, je veux dire. Je suis heureux d'y être parvenu, et surtout d'y être parvenu avec toi à mes côtés.

Main dans la main, les jambes encore flageolantes des fortes émotions qu'ils venaient de ressentir, ils rentrèrent rue de la Dame-Blanche.

Tout en dévorant une paella aux légumes, ils reparlèrent de cette visite des cieux qu'ils avaient partagée.

— Ça valait le coup que j'affronte ma frousse, commenta Tara. Quelle expérience magique ! De toute façon, j'ai l'impression d'être entourée de magie depuis que j'ai mis le pied sur l'île. Je n'en reviens toujours pas de ce qui m'arrive, murmura-t-elle en posant sa main sur celle d'Adam.

— Moi non plus, tu sais, confessa-t-il. Notre histoire est vraiment inattendue. Je peux te l'avouer maintenant : au départ, tu me faisais presque de la peine. Tu étais si fière, si hautaine, si condescendante. Tu camouflais ta tristesse et ton amertume sous une énorme couche d'agressivité et de maquillage. Tu étais à l'opposé de ce que j'attendais chez une femme.

— En somme, tu as fait comme ton fameux Swann, quand il tombe amoureux d'une femme qui n'est pas son type ! répliqua-t-elle, malicieuse.

— C'est vrai ! convint-il. Mais tu vaux mieux, incomparablement mieux, que l'Odette de Crécy du roman. Alors j'ai beaucoup plus de chance que Swann ! Et au fait, où en es-tu avec le jeu offert par ta marraine ? Je le soupçonne d'être à l'origine de certains changements.

Tara préféra rester mystérieuse.

— Et si on montait plutôt dans la chambre au lieu de parler de tirages ? suggéra-t-elle, l'œil empli de sous-entendus lascifs.

— Aller au lit sans même un dessert ? s'offusqua Adam d'une voix espiègle.

— Oh, mais il y aura un dessert ! continua Tara sur le même ton sensuel, en lui saisissant les mains.

Ils grimpèrent jusqu'au premier étage, et, tandis que Tina Arena et Marc Anthony leur fredonnaient *I Want to Spend My Lifetime Loving You*, ils savourèrent cet oubli temporaire du monde auquel s'adonnent les amants dans le doux sanctuaire de l'alcôve.

En retournant chez Louisiane le lendemain matin, Tara commença par aller vérifier la carte de la pyramide dans la pièce aux tarots. La croix bleue était apparue. Tara fut ravie de cette récompense, qui soulignait qu'elle avait su se reconnecter à ses besoins majeurs. Dans son carnet, la jeune femme nota :

> *Sixième tirage : j'ai redéfini mes besoins essentiels. Et je compte bien, désormais, ne plus jamais les perdre de vue.*

Elle posa la carte de la pyramide près des autres cartes précédemment tirées. Le sixième tirage était achevé.

— Plus qu'un, murmura-t-elle, avec une pointe de nostalgie.

Elle s'était finalement habituée à ce jeu étrange, à ce dialogue muet avec les lames. Cette gymnastique mentale et psychologique à laquelle l'avaient forcée les charades d'*Odissea* allait lui manquer. Pour cette raison, elle préféra ne pas entamer le dernier tirage sur-le-champ : elle ne voulait pas finir la partie, pas encore, pas déjà. Au contraire, elle souhaitait faire durer le plaisir encore un petit peu, encore un jour ou deux. Alors, elle laissa le jeu tel qu'il était et sortit de la pièce.

En redescendant les escaliers, son regard croisa le portrait de Louisiane. Ce si beau portrait qui la montrait cheveux au vent, souriant devant le désert. Une bouffée d'émotion et de tendresse envahit Tara. Qu'elle était reconnaissante à sa marraine ! C'est à elle qu'elle devait tous les petits miracles qui s'étaient produits depuis son arrivée à Arvana. Même à des milliers de kilomètres, le charme surnaturel d'Ozia opérait, résolvant les problèmes, apaisant les peines, répandant la lumière. Tara resta plusieurs secondes à contempler son image bienfaitrice. Puis, repensant au photographe Castelréa, elle se demanda soudain s'il pouvait être l'œil qui avait été derrière l'objectif. Sa curiosité se raviva.

Revenue au salon, elle ouvrit son portable et lança une recherche Internet, mais une recherche vidéo cette fois. À sa grande joie, apparut une interview de Geoffrey, qui datait de la fin des années 1990. Il était interrogé dans le cadre d'une exposition de ses photos dans une galerie de Melbourne. L'entretien permettait d'apprendre qu'à l'époque où la vidéo avait été tournée, Castelréa vivait en Australie – en Australie, tiens, tiens ! –, était marié à une Melbournaise, n'avait pas d'enfants, et s'apprêtait à partir pour l'Équateur pour un nouveau reportage-photo. Tout excitée d'avoir déniché ces infos qui désépaississaient un tout petit peu le mystère entourant cet homme, Tara continua d'explorer YouTube. Elle trouva une autre interview, filmée en Turquie trois ans plus tôt. Le journaliste, un Français, questionnait Geoffrey sur sa vocation et ses voyages, puis l'interrogeait sur des sujets plus intimes. Castelréa évoquait alors sa femme, Helen, rencontrée lors d'un rallye en Afrique en 1994. Puis le journaliste l'amenait à parler de son enfance, de ses parents.

Geoffrey le fixait de ses yeux bleus perçants, sans mot dire, sa pensée semblant refuser de franchir la barrière de ses lèvres.

— Je n'aime pas parler de mon passé, de mon enfance, de ma famille, disait-il enfin. Ma famille, c'est Helen. Quand je l'ai rencontrée, elle m'a donné l'envie d'être deux, de construire à deux. Avant, je n'étais qu'un nomade. J'avais connu d'autres femmes. J'avais vécu des passions embrasées. Mais vient un âge où l'on préfère l'harmonie à l'embrasement. Helen, aujourd'hui, est mon tout, ma famille, mes racines…

Tara, immédiatement, fut persuadée que parmi ces « autres femmes » dont parlait le photographe, il y avait *forcément* Louisiane. Et que celle-ci, d'une façon ou d'une autre, était partie en Australie pour le rejoindre, pour ressusciter leur « passion embrasée » de jadis. La curiosité encore plus aiguisée, elle se coula dans la vision de cette romance, où une Louisiane énamourée s'en allait retrouver son amour de jeunesse dans le bush australien.

Elle attendit encore quarante-huit heures avant de se résoudre à effectuer le septième et ultime tirage de la partie. Sa main piocha une carte qui dessina peu à peu une silhouette de femme. Devant son ventre, une magnifique fleur s'épanouissait, et derrière elle, apparaissait le globe terrestre. Tara, qui avait maintenant pris l'habitude de décrypter les images des lames, interpréta que le jeu la conviait à se demander ce qu'elle souhaitait transmettre au monde.

— Qu'est-ce qui fleurit en moi et que je peux offrir à l'univers ? répéta-t-elle en regardant Osiris qui, comme à l'accoutumée, l'avait suivie dans la pièce aux tarots.

La réponse n'allait pas de soi. La jeune femme prit son temps et essaya de reformuler la question pour qu'elle parût moins grandiloquente. Elle décida de se demander plutôt ce que serait sa vie si, d'un claquement de doigts, elle pouvait la modifier selon ses rêves les plus fous. Cela, peut-être, l'aiderait à concevoir le projet qu'elle souhaitait mettre au monde.

Avec cette idée en tête, elle redescendit au salon, prit son iPod et choisit trois chansons qu'elle estimait *boostantes*: *Dancing Queen* d'Abba, *Felicita* d'Al Bano et Romina Power, et *L'Envie d'aimer* de la comédie musicale *Les Dix Commandements*. S'abandonnant à la musique, tâchant de garder sa raison en dehors de l'exercice et de laisser au contraire venir l'inspiration sans rien bloquer, Tara tenta de discerner quel environnement pouvait être, pour elle, le plus idéal.

Lui revint immédiatement l'image qu'elle avait entrevue quelques jours plus tôt. Elle se tenait derrière un comptoir de modiste, entourée de chapeaux par elle-même créés. Un sourire naquit sur ses lèvres, et la jeune femme s'installa davantage dans cette vision idyllique. Elle tenta de percevoir un maximum de détails, afin de rendre le tableau aussi réel que possible. Elle s'immergea dans la scène, attentive à saisir tous les indices que son imaginaire lui prodiguerait, indices qui définiraient le projet suprême qu'elle portait en elle.

Elle se vit au naturel, heureuse et épanouie, dans sa boutique. Sur le comptoir, trônait une photo de ses enfants, deux êtres précieux aux visages rieurs, dont les origines et le sang différaient des siens, mais auxquels elle avait ouvert son cœur et sa maison. La boutique donnait sur une petite rue pavée; une rue qui n'était pas parisienne et ressemblait plutôt aux ruelles d'Arvana. Sur le comptoir, derrière celle des enfants, il y avait aussi une autre photo. La photo d'un homme. Adam.

Tara rouvrit brusquement les paupières, tandis que Daniel Levi clamait « Ce sera nous, dès demain… ». Elle le tenait son projet! Il s'était spontanément révélé à elle. Il n'y avait plus de doutes à avoir, plus de secondes à perdre. Ce qu'elle venait de « voir », cette perfection colorée mise en scène par son imaginaire, c'était de *ça* dont elle avait besoin, c'était de *ça* dont elle rêvait que son avenir fût constitué.

Emplie d'une motivation qui lui électrisait les doigts, elle s'assit à la table du salon et, sur une feuille blanche qu'elle titra *Mon projet*, elle lista ses intentions.

- *Ouvrir ma boutique de chapeaux et lancer ma première collection*
- *Adopter un (ou deux, ou trois) enfant(s)*
- *M'installer sur Arvana (comme Louisiane !)*
- *M'engager pleinement avec Adam*

Elle relut la feuille, la contempla encore et encore, et sentit vibrer en elle une boule d'un feu ardent, joyeux, crépitant. Ces actions qu'elle avait pris soin de noter, c'était peu de dire qu'elles l'emballaient. Elles lui ouvraient le champ d'une vie radicalement nouvelle, d'une renaissance absolue. Tara se sentait prête à engager toutes ses forces dans l'accomplissement d'un programme aussi enthousiasmant.

— Osiris, mon vieux, lança-t-elle au chat qui n'avait cessé de la regarder dessiner, je crois que nous allons réaliser de grandes choses ! Enfin, surtout moi !

Le soir, rejoignant Adam pour le dîner, elle décida de lui parler de son projet. Mais, avant de lui ouvrir son cœur, il fallait qu'elle l'interrogeât sur un sujet précis.

— Je voudrais te demander quelque chose. Comment as-tu vécu le fait de ne pas avoir d'enfants ? Est-ce que tu en voulais ?

— Oh oui, j'en voulais. Je ne pouvais pas concevoir ma vie sans. Mais quand Diega est… quand elle est partie, mes rêves de paternité se sont brisés net. Ne pas être père est un des grands regrets de ma vie.

— Et tu n'as jamais eu envie d'adopter ?

— Si. Mais ma demande a été refusée. Parce que je vivais seul.

En entendant qu'il avait entamé un jour une procédure d'adoption, Tara fut envahie d'un fol espoir.

— Adam, dit-elle, est-ce que je peux t'exposer les idées saugrenues qui me sont venues aujourd'hui ?

— Bien sûr.

— Eh bien, d'abord, je crois que j'ai très envie de venir vivre ici, comme l'a fait Ozia.

Elle le vit prendre une ample respiration puis esquisser un sourire.

— Tu as conscience que, sur cette île, ta vie sera diamétralement opposée à celle que tu connaissais à Paris, remarqua-t-il sagement.

— C'est le but ! Je veux tout recommencer. Pouvoir écrire mon destin autrement. Enfin vivre selon mes besoins fondamentaux.

Elle lui parla alors de la boutique de chapeaux qu'elle souhaitait ouvrir.

— Je ne savais pas que tu aimais, ni dessinais, des chapeaux, s'étonna-t-il.

— Ben non, personne ne le sait. C'est pour ça que je veux que, bientôt, tout le monde le sache ! Je vais profiter de mes relations et de ma communauté pour lancer ma marque. Je créerai ici une boutique ravissante qui attirera les touristes, et j'ouvrirai aussi une boutique en ligne. Et puis… Il y a aussi autre chose. Tu sais, j'avais renoncé à avoir des enfants. Mais c'est un besoin qui est là, si fort. Je ne peux pas continuer de l'ignorer. Alors j'aimerais engager une procédure d'adoption. Mais c'est vrai que, tous ces projets, je voudrais les vivre… avec toi. Est-ce que tu crois qu'ils pourraient être compatibles avec ce dont, toi, tu as envie ?

— Ce dont, moi, j'ai envie, dit-il, c'est d'être avec toi, et de savourer chaque seconde. Moi aussi, j'avais renoncé aux enfants. Et à l'amour. Je m'étais résigné à ma vie solitaire. Mais te voilà. Et tu apportes avec toi tous ces beaux projets. Comment pourrais-je les refuser ? J'ai passé l'âge d'hésiter ou d'atermoyer quand la chance vient à passer. Je veux être avec toi, c'est tout.

— Oh je t'aime ! s'écria-t-elle en appliquant un baiser sonore sur ses lèvres.

— Qu'est-ce que tu viens de dire ? demanda-t-il, les yeux fous.

— Je t'aime, répéta-t-elle, lentement cette fois, presque à voix basse, les pommettes rougissantes.

— Moi aussi, je t'aime, dit-il les prunelles ressemblant à deux jades brillants. Belle Tara. Ma Tara.

Elle lui sauta au cou et songea que la vie était infiniment douce quand le bonheur lui servait de parure.

17

C'est payé, balayé, oublié, je me fous du passé.

(Édith Piaf – *Non, je ne regrette rien*)

Comme tous les matins depuis plusieurs semaines, Tara entra dans la pièce aux tarots pour vérifier l'avancée de la croix bleue. Cela faisait près de trois mois qu'elle observait ce petit rituel quotidien. Le lendemain du soir où elle avait exposé à Adam ses grands projets, elle était montée regarder la carte de la dame à la fleur, curieuse de voir si la croix bleue, l'ultime croix bleue, était apparue. Ce n'était pas le cas. Cependant, un point bleuté avait éclos, dans l'un des angles où surgissait habituellement la croix. Et depuis, plus Tara s'était mise en chemin vers son projet, le peaufinant, le renforçant, entamant des actions concrètes, plus le point avait grandi, traçant peu à peu la première ligne de la croix. Comme si la carte attendait que des fruits tangibles fussent récoltés pour se prononcer tout à fait.

Aujourd'hui, la croix était presque achevée, il ne manquait que quelques millimètres à sa seconde branche. Et ce jour promettait d'être un grand jour. Tara avait reçu, le matin même, les premiers cours de la formation entrepreneuriale à distance à laquelle elle s'était inscrite durant l'été. À l'issue de cette formation, son objectif était d'ouvrir une boutique sur Arvana et, en parallèle, une boutique *online*. L'aide financière proposée par Victor à prononciation du divorce servirait à cela.

Au début du mois d'août, Tara avait effectué un bref séjour à Paris, en compagnie d'Adam. Ils avaient laissé suffisamment d'eau et de nourriture à Osiris pour qu'il pût se débrouiller seul pendant quarante-huit heures. Elle avait utilisé cette escale pour rencontrer l'avocat du divorce, examiner les termes de la convention, et signer les premiers papiers. Elle en avait aussi profité pour présenter Adam à son père. Le restaurant chinois de la rue Cambon, où père et fille Bouviers avaient leurs habitudes, avait servi de décor à la rencontre, qui s'était divinement passée.

— Il me plaît beaucoup, avait glissé Stanislas à l'oreille de Tara en sortant du resto.

Non sans une certaine appréhension, elle avait également organisé des présentations avec Daisy et Enoch. Ces derniers avaient reçu le couple arvanais dans leur appartement du boulevard Saint-Germain. Tara avait craint les réactions de sa mère face au simple libraire de province et aussi face au projet téméraire des chapeaux que la jeune femme avait exposé. Elle avait eu peur que Daisy ne se montrât condescendante ou dédaigneuse. Mais celle-ci n'avait rien dit ni fait qui fût inapproprié. Elle avait félicité Tara d'avoir su rebondir si vite. Et la soirée, agréable et plaisante, avait vraiment marqué le début d'une nouvelle ère dans la relation de la mère et de la fille.

Enfin, Tara avait recontacté toutes ses relations importantes et recommencé à communiquer régulièrement avec sa communauté sur les réseaux sociaux afin de favoriser la création prochaine de sa marque.

L'arrivée des cours d'entrepreneuriat n'était pas la seule grande avancée de cette douce journée de septembre. En début d'après-midi, Adam et elle avaient rendez-vous avec un agent immobilier pour visiter une maison à trois rues de là. Ces dernières semaines, Tara avait passé toutes ses nuits chez le libraire, rentrant chez Louisiane dans la journée. Au départ, ni l'un ni l'autre n'avaient envisagé de franchir si vite le pas de vivre ensemble pour de bon. Mais, au fil des jours, l'envie réciproque de se lever et de se coucher sous le même toit, dans un endroit qui fût leur nid officiel, avait grandi jusqu'à devenir une évidence. Adam avait alors lancé l'idée de chercher une nouvelle demeure.

— J'aime ma maison, avait-il expliqué. C'est là que j'ai vécu avec Diega. Mais justement. Je ne veux pas t'enfermer dans un trip à la du Maurier.

— C'est quoi un trip à la du Maurier ? avait demandé Tara.

— Dans *Rebecca*, son livre le plus célèbre, Daphné du Maurier raconte l'histoire d'une femme qui se marie à un homme, veuf d'un premier mariage. Sauf que le fantôme de la défunte épouse est très présent, trop présent. Je ne veux pas que tu ressentes ça. J'aimais Diega, je l'aimerai toujours, mais je ne veux pas que le poids de mon ancienne histoire pèse sur tes épaules.

Ils s'étaient alors mis à éplucher les annonces immobilières, et avaient découvert les photos d'une adorable maison, aux murs de pierre, pour laquelle ils avaient eu un coup de foudre. Ayant déjà effectué deux premières visites, ils s'apprêtaient à faire une offre.

Leurs projets ne s'arrêtaient pas là. Ensemble, ils avaient le désir viscéral d'accueillir et d'élever un enfant. Mais, en étudiant les procédures d'adoption, ils avaient compris qu'un couple marié a plus de chances de pouvoir adopter qu'un couple non marié. Tara, qui, de toute façon, devait attendre que son divorce fût prononcé, ne souhaitait pas que leur union éventuelle trouvât sa première nécessité dans de telles raisons administratives. Son précédent mariage s'était bâti sur l'idée de l'amour plus que sur l'amour lui-même, les ambitions communes tenant lieu d'alliance au couple qu'elle formait avec Victor. Elle ne voulait pas de cela avec Adam. Aussi avaient-ils ensemble décidé de ne rien précipiter et de se donner du temps pour mettre en place leurs grands desseins de noces et d'adoption.

Pour officialiser néanmoins leur histoire sur l'île, ils avaient invité, vers la mi-août, Mindy et Jacob Sarayan à venir prendre l'apéritif.

— Ce que vous êtes mignons ensemble ! les avait félicités Mindy. Je suis vraiment heureuse pour vous !

Jacob aussi y était allé de son petit compliment.

— C'est trrès bonne nouvelle ! s'était-il extasié. Vous deux, forrmez un trrès joli couple ! C'est forrmidable !

Tara avait été attendrie par cette joie sincère de ses voisins et désormais amis. Amusée, elle s'était fait la réflexion que la situation même qu'elle vivait – être en couple avec un libraire d'Arvana, boire un guignolet avec un retraité et une factrice, ne pas porter six tonnes de maquillage sur le visage, parler de sujets n'évoquant ni télévision ni vacances à Saint-Barth – aurait probablement fait hurler d'horreur l'ancienne animatrice de *MyBeauty*. Or, à présent, c'était précisément cette situation qui emplissait son âme d'une moelleuse béatitude.

Tara continua à contempler la carte à la fleur. Elle était contente que la croix bleue eût pris son temps pour se tracer complètement. Cela avait permis de faire durer le plaisir de l'odyssée quelques semaines de plus. Et la jeune femme avait ainsi pu envisager la perspective de la fin de la partie avec plus de facilité.

Regardant l'heure sur son portable, elle vit qu'il était temps de se préparer au rendez-vous avec l'agence immobilière.

L'entrevue se passa au mieux. L'offre que firent Adam et Tara fut bien accueillie par l'agent immobilier qui leur exprima qu'elle avait de bonnes chances d'être acceptée par le vendeur. C'est donc optimistes et guillerets qu'ils revinrent à pied jusqu'à la rue de la Dame-Blanche. Adam, qui devait retourner à la librairie, embrassa Tara et prit le chemin du centre-ville. La jeune femme, elle, retourna chez Louisiane.

Arrivée sur le perron, elle sortit sa clé et, l'insérant dans la serrure, s'aperçut que la porte était déjà ouverte. Elle en fut fort surprise, étant à peu près sûre de l'avoir verrouillée en partant. Elle essaya de se rassurer en se disant qu'un oubli pouvait arriver à tout le monde, et entra dans la cuisine. Et soudain ses narines captèrent la douceur d'un parfum familier. Une odeur mêlant fragrances de rose, de bergamote et d'amande. Un parfum reconnaissable entre mille. Celui de sa marraine, Louisiane Oze. Lâchant son sac sur la table, Tara se précipita vers le salon.

— Ozia ? s'écria-t-elle avec une joie enfantine.

— Bonjour ma bichette ! répondit celle-ci, debout dans le salon, une tasse de thé fumant à la main et un grand sourire sur le visage.

Tara s'élança, laissant à peine le temps à sa marraine de poser son breuvage sur la table, et les deux femmes se retrouvèrent dans les bras l'une de l'autre.

— Que je suis contente de te voir ! s'exclama Tara. Mais pourquoi tu ne m'as pas prévenue de ton arrivée ? Je serais allée te chercher à l'aéroport !

— Bah, je n'allais pas t'embêter avec ça. Et puis, tu sais, ajouta-t-elle en riant, à mon âge, je sais me débrouiller toute seule.

— Oh, Ozia, je suis si heureuse que tu sois là. J'ai tellement de choses à te raconter !

— Il reste du thé dans la théière. Je te sers une tasse et on se dit tout.

Quelques minutes plus tard, marraine et filleule, installées dans le canapé, dégustant leur thé noir aromatisé, entamèrent les confidences. Osiris, qui retrouvait avec bonheur sa maîtresse, était roulé en boule sur ses genoux.

— Je veux tout savoir de ton voyage ! exigea Tara. Bon, avant, il faut que je t'avoue qu'en feuilletant par hasard tes albums de photos, je suis tombée sur l'image de Geoffrey Castelréa. J'ai effectué des recherches sur Internet, et j'ai appris qu'il était photographe et vivait en Australie. Alors, évidemment, je n'ai pas pu m'empêcher de faire le lien avec ton voyage !

— Vous êtes bien curieuse, jeune demoiselle…, répondit Louisiane, avec un sourire énigmatique.

— Oh, je t'en prie, raconte-moi !

Telle une Sarah Bernhardt ménageant ses effets, Louisiane but une longue gorgée de thé avant de prendre la parole.

— Que veux-tu savoir ? demanda-t-elle enfin.

— Tout ! Comment vous vous êtes rencontrés, comment vous êtes tombés amoureux, tout, quoi !

Louisiane la contempla, éberluée, puis éclata de rire.

— Ouh là, ma bichette, quelle imagination tu as ! Et tes attentes romantiques vont être déçues car la réalité n'est pas celle que tu crois.

— Comment cela ? Geoffrey n'est pas ton grand amour secret ? s'étonna Tara.

— Bien sûr que non ! répondit Louisiane en reposant sa tasse.

Elle se tut de nouveau.

— Geoffrey n'est pas mon grand amour, reprit-elle. C'est mon frère.

Tara la regarda avec des yeux ronds.

— Ton frère ? Comment ça, ton frère ?

— Mon *demi*-frère, plus exactement. Le fils que mon père a eu avec une maîtresse cachée.

— Oh, mon dieu !

— Oui, comme tu dis.

— Comment l'as-tu appris ?

— C'est une longue histoire… J'ai rencontré Geoffrey lors d'un de mes premiers voyages humanitaires. C'était en Tanzanie, en 1981. Il était photographe. C'est lui qui a pris de moi le portrait qui est dans les escaliers et que j'ai toujours trouvé magnifique. Il y a eu immédiatement un feeling entre nous. Une connexion spirituelle. Presque karmique.

— Il vivait à Paris ?

— Non, il habitait La Rochelle. Nous nous sommes souvent revus lors de nouveaux voyages. L'association humanitaire au sein de laquelle j'étais bénévole avait apprécié son travail en Tanzanie et avait refait appel à lui par la suite. Nous sommes devenus amis. Nous nous ressemblions : tous les deux très nomades, très indépendants, avec le besoin fréquent de se déraciner… Je ne savais pas qu'il était mon frère à cette époque.

Elle marqua une pause, but une nouvelle gorgée de thé, tandis que Tara attendait, en retenant son souffle.

— Un jour, nous nous sommes retrouvés sur une expédition en Inde. Et c'est là qu'il a pris son courage à deux mains et m'a tout avoué. Mon père avait eu une vie parallèle. À cause de son travail de représentant, il voyageait beaucoup. Il avait rencontré une femme qui vivait à La Rochelle. Il lui avait dit qu'il était marié et qu'il ne quitterait pas son épouse. Mais ils avaient quand même entamé une liaison. Qui était devenue une histoire au long cours et avait donné naissance à un fils secret, de deux ans plus jeune que moi. C'est après la mort de mon père, survenue l'année de mes 19 ans suite à une rupture d'anévrisme, que Geoffrey, qui avait appris l'existence de la double famille de papa, avait eu envie de me rencontrer. Cette envie ne l'avait plus lâché. C'est pour cela qu'il s'était embarqué sur le voyage en Tanzanie cinq ans plus tard. Pour se rapprocher de moi. Mais il lui avait fallu plusieurs années pour oser tout me raconter.

— Et comment as-tu encaissé tout ça ?

— Mal. Très mal. J'ai eu la sensation que mon existence s'était bâtie sur un mensonge. Ma mère, heureusement, n'a jamais rien su de toute cette histoire. Quand elle est « partie » en 2006, c'est avec l'idée qu'elle avait eu toute sa vie un mari fidèle. Mais, moi, j'en ai voulu atrocement à mon père. Et à sa maîtresse, évidemment. Et aussi à Geoffrey. J'ai refusé de le revoir et je suis rentrée à Paris. Ta mère m'a beaucoup soutenue durant toute cette période. Sous ses airs de mondaine, c'est une femme forte, loyale, d'une absolue sincérité, qui a toujours été là pour moi. Elle a pris soin de moi, et m'a appuyée quand j'ai eu envie de changer de vie et que je suis venue m'installer ici. De son côté, Geoffrey a quitté La Rochelle et il s'est installé en Australie. À plusieurs reprises, il a essayé de me recontacter. En 2011, il m'a informée du décès de sa mère, en m'expliquant que j'étais désormais sa seule famille et qu'il espérait que l'on pourrait se raccomoder malgré les méandres de notre histoire. À ce message comme aux autres, je n'ai pas répondu. Pourtant ces dernières années, j'ai souvent pensé à lui. J'ai commencé à regretter de ne pas avoir accepté le lien qu'il avait voulu tisser entre nous. Et puis, il y a quelques mois, j'ai appris qu'Helen, son épouse, était décédée d'un cancer. Alors, poussée par une espèce d'impulsion, je lui ai écrit mes condoléances. Nous avons commencé une correspondance qui nous a aidés à panser les anciennes plaies. Et lorsqu'il m'a invitée à lui rendre visite en Australie, j'ai accepté.

— C'est vraiment une histoire inimaginable, dit Tara en touchant la main de sa marraine.

— Tu l'as dit ma bichette. Et je me sens aujourd'hui apaisée par rapport à mon passé.

— Et, maintenant, tu vas garder le contact avec lui ?

— Oui, nous allons essayer de rattraper le temps perdu. Je l'ai d'ailleurs invité à venir passer Noël ici.

— Génial, je pourrai le rencontrer !

— En effet, tu pourras le rencontrer… Et toi, ma belle ? Où en es-tu ?

Alors Tara raconta à Ozia tout ce qui lui était arrivé depuis ce lointain soir de juin où elle lui avait annoncé son divorce par Skype. Elle parla du jeu, des exercices qu'il l'avait amenée à réaliser, des découvertes qui avaient été les siennes. Puis elle parla d'Adam. Ses pommettes rosirent lorsqu'elle l'évoqua, ce qui fit sourire Louisiane.

— C'est incroyable, souligna la jeune femme, parce que Victor, qui représentait pour moi l'idéal masculin, n'a jamais su combler mes aspirations profondes. Alors qu'Adam, qu'initialement je n'aurais jamais considéré comme un partenaire potentiel, est exactement l'homme dont j'avais besoin. Il m'offre tout ce que j'attendais, tout ce que j'espérais. Tu n'as pas l'air plus surprise que ça, ajouta-t-elle en regardant sa marraine.

— Oh, je sais que la vie peut être parfois très imprévisible. Et je me dis que ça doit être pour ça que j'ai oublié de prévenir Adam que tu prenais la relève auprès d'Osiris. Le destin s'est sans doute servi de ma négligence pour vous mettre en présence, conclut-elle d'un ton légèrement mystérieux.

Leurs thés consommés, les deux femmes montèrent dans la caverne aux tarots, Tara voulant absolument montrer les cartes qu'elle avait tirées à Louisiane.

— Je ne saurais trop te remercier pour ce cadeau, lui dit-elle. Et il porte bien son nom, ce jeu. J'ai effectivement l'impression d'avoir accompli une odyssée. Moins guerrière que celle d'Ulysse. Mais une odyssée quand même, qui s'est produite en moi, et qui m'a libérée de bien des jougs que je m'imposais. Je ne suis plus la même aujourd'hui, tu sais. Je me sens tellement plus légère, en paix avec mon histoire, en phase avec moi-même. Et c'est grâce au jeu. Et donc grâce à toi.

— Je suis tellement contente qu'il ait pu t'apporter autant qu'à moi.

— Justement, je voulais te demander. Quand est-ce que tu l'as utilisé, toi ?

— Je m'en suis servie deux fois, répondit Louisiane. La première fois, c'était au moment où j'ai quitté Paris. *Odissea* m'a incitée à cette décision bénéfique pour moi. Après cette partie, je pensais qu'il me demanderait de le transmettre à quelqu'un. Cela ne s'est pas produit. J'ai donc attendu d'avoir de nouveau besoin de lui. Cette seconde fois est advenue il y a quelques mois, lorsque j'ai eu envie d'écrire à Geoffrey. *Odissea* m'a poussée à écouter cette intuition. Et, la partie terminée, il m'a informée qu'il était temps, désormais, que je le transmette. Ce que j'ai fait en te l'offrant.

— Comment expliques-tu sa magie ?

— Je crois que c'est à chacun de s'inventer l'explication qui lui convient. Riccardo, mon ami italien, croyait ce jeu investi du pouvoir des dieux égyptiens. En ce qui me concerne, j'aime l'idée qu'il ait pu être créé par un enchanteur, tel Merlin. Et toi, qu'en dis-tu ?

— Moi, pendant toutes ces semaines, je me suis dit que c'était ta propre magie qui l'imprégnait. J'ai toujours eu la sensation que tu étais un peu pour moi comme la marraine-fée de Cendrillon. Alors ce jeu que tu m'as transmis, c'est ma pantoufle de verre à moi !

Louisiane caressa la joue de sa filleule.

— C'est une jolie image. Elle me plaît bien.

Jetant un œil à la carte à la fleur, Tara s'aperçut alors que la croix bleue avait achevé son tracé.

— Ça y est ! La croix est entière, s'exclama-t-elle. Ozia, j'ai fini la partie ! Cette fois, ça y est !

— Oui, ma bichette. Et bravo pour le courage et la ténacité dont tu as fait preuve. Maintenant, tu as un dernier rituel à accomplir.

— Je m'en souviens. Pour savoir si le jeu veut rester avec moi ou passer en d'autres mains. Il faut que j'aligne les cartes que j'ai tirées, c'est bien ça ?

— Oui, bord à bord. Si elles redeviennent toutes blanches, il te faudra garder le jeu. Si parmi les cartes redevenues blanches, l'une d'elles dessine le coffret, il te faudra l'offrir.

D'une main précise et solennelle, Tara étala les sept cartes qu'elle avait piochées au long de la partie, en veillant à jouxter leurs bordures. Et elle attendit alors, non sans émotion. Au bout de quelques secondes, les images des lames semblèrent se dissoudre, et laissèrent réapparaître l'étendue neigeuse qu'elles arboraient lorsque Tara avait ouvert le jeu la première fois. Elles restèrent ainsi, blanches et immaculées. Toutes, sauf une, qui, dans un doux scintillement, dessina bientôt les contours du coffret de bois *Odissea*.

— Eh bien, je crois que le jeu a de nouveau envie de voyager, déclara Louisiane.

— Oui, apparemment. Je vais respecter son choix, même si ça ne m'aurait pas déplu de le garder avec moi encore un peu. Mais c'est lui qui décide.

— Sais-tu à qui tu veux le transmettre ?

Tara réfléchit, d'abord indécise. Et ce fut comme un flash. Elle *sut* à qui elle allait le donner. Quelqu'un qui avait besoin de se débarrasser d'une tristesse depuis trop longtemps tyrannique. Quelqu'un qui devait enfin reconstruire sa vie, la raviver, se la réapproprier. Quelqu'un qui, grâce à ce coffret *Odissea*, allait pouvoir reprendre en main les rênes de sa destinée.

— Papa, dit-elle simplement.

Le soir venu, Tara, Louisiane et Adam dînèrent ensemble dans la maison du libraire. Ce fut un moment de joyeuse fête : il y avait tant de belles nouvelles à célébrer. Le champagne était de mise, et fut débouché dans un claquement victorieux.

— Chère Louisiane, m'autorisez-vous à courtiser chaque jour votre filleule, et à faire tout mon possible pour la rendre heureuse ? demanda Adam en lui tendant une coupe et en s'inclinant légèrement, tel un chevalier devant une souveraine.

— Mon cher voisin, répondit la marraine sur le même ton, vous avez non seulement mon autorisation, mais aussi ma bénédiction ! Soyez bien ensemble et répandez de ce bonheur autour de vous.

Après le repas, fatiguée par le décalage horaire, Louisiane rentra chez elle sans s'attarder. Elle félicita de nouveau sa filleule et la serra fort contre elle à l'instant de lui dire bonsoir.

Tara et Adam, restés seuls, débarrassèrent la table et se préparèrent deux infusions, qu'ils vinrent déguster sur le canapé, blottis l'un contre l'autre, en regardant le feu crépiter dans la cheminée.

— Prête pour votre nouvelle vie, mademoiselle Bouviers ? lui souffla-t-il à l'oreille.

— Et vous, monsieur le libraire ?

— Oh oui alors ! répondit-il en l'embrassant fougueusement.

Ils continuèrent de boire, accompagnés par le chant crépitant du feu.

— Veux-tu qu'on monte se coucher ? proposa Adam en étouffant un bâillement lorsque leurs tasses furent vides.

— Ça ne t'ennuie pas si je reste un peu en bas ? Je voudrais jeter un premier coup d'œil sur mes cours…

— Non, bien sûr que non. Rejoins-moi quand tu voudras. À tout à l'heure, ma chérie.

Tara survola les premiers documents qui lui avaient été envoyés. En elle, dans ses cellules, dans ses neurones, vibraient une motivation et une excitation qui ne cessaient de croître. Son avenir prenait forme, arborait des couleurs magnifiques, tel un paon faisant sa roue. Sentant le sommeil la gagner, elle referma finalement ses cahiers. Et, pour se relaxer quelques minutes avant d'aller dormir, elle alluma la télé.

L'écran lui offrit la dernière séquence du film *La Môme*, qui retraçait la vie d'Édith Piaf. Un rideau rouge s'ouvrit et la chanteuse, jouée par Marion Cotillard, monta sur scène, tout de noir vêtue. De ses grands yeux d'enfant, elle contempla la salle pleine face à elle, s'approcha du micro, et se mit à chanter *Non, je ne regrette rien*.

La voix de Piaf s'empara des oreilles de Tara, résonna en son ventre. Ce que la Môme chantait, les mots exacts qui s'échappaient de sa gorge, Tara les ressentait. Elle les comprenait, dans son esprit et dans sa chair. Elle non plus, aujourd'hui, ne regrettait rien. Elle était enfin elle-même. Tara Bouviers. Libre et authentique. Pareille à cette île. Pareille à Louisiane. Il lui avait fallu quarante années pour arriver à se rencontrer enfin. Maintenant, sa nouvelle vie, ses nouvelles joies, commençaient ici, sur Arvana. Et elle était enfin prête pour cela.

Épilogue

D'aussi loin que je me souvienne, j'ai toujours voyagé. Traverser les pays, rencontrer de nouveaux êtres, parcourir le monde ; c'est cela qui m'anime. J'en ai fait ma mission ici-bas, ma raison d'exister. Je vais mon chemin, en essayant d'apporter mon aide, en m'appliquant à me rendre utile. C'est tellement plus intéressant de servir à quelque chose, ou à quelqu'un. Je conserve mes mystères dans le refuge de mon écrin de bois, et je les dévoile à celles ou ceux qui acceptent d'entamer l'odyssée. C'est mon but depuis le début, et ça le restera encore longtemps. Peut-être un jour arriverai-je entre tes mains. Qui sait ?

Remerciements

Un immense merci à Stéphanie Ricordel pour son écoute, sa patience et son soutien. Merci également à Nolwenn pour la relecture de ce livre. Enfin, merci aux éditions Eyrolles pour leur foi dans mes créations.

À Bertrand : tu es l'Adam d'un Éden dont j'espère que nous ne serons jamais chassés. Merci pour ce bonheur dont tu enrobes ma vie. Sois chaque jour davantage l'homme exceptionnel que tu es. Je t'aime.

À Guillaume : merci mon petit chou pour cette affection sans bornes que tu me prodigues au quotidien.

À mes parents, Mamoute, Josette, Claude, Jean-Claude, Sabine, Didou : merci pour votre soutien indéfectible. Merci pour cette force transmise et cet amour qui me tient debout.

À Câline : on parle souvent du chat de l'écrivain. Avec toi, j'ai plutôt l'impression d'être l'écrivain du chat ! Je t'aime mon bébé, tu éclaires mes si longues séances de travail.

À mon Cricri : les *Golden* et les *shortbreads* sont les deux mamelles de notre sagesse ! Vive nous !

À Géraldine, Kikou et Inous, Maria et Sylvain, Sandrine, Dani et Alex et Ludovic : merci pour votre présence à mes côtés, tout spécialement ces derniers mois, qui ont mêlé victoires et épreuves.

Enfin, merci à toi qui lis ce livre. C'est pour t'émouvoir, t'amuser, t'inspirer que j'écris. C'est ta présence, à l'autre bout des pages, qui donne du sens à ce que je crée.

Merci d'avoir choisi ce roman Eyrolles.
Nous espérons que cette lecture vous a plu.

Nous serions ravis de rester en contact avec vous et de pouvoir vous proposer d'autres idées de livres à découvrir, des événements avec nos auteurs, des jeux-concours ou des lectures en avant-première.

Intéressé ? Inscrivez-vous à notre lettre d'information.

Pour cela, rendez-vous à l'adresse go.eyrolles.com/newsletter ou flashez ce QR code (votre adresse électronique sera à l'usage unique des éditions Eyrolles pour vous envoyer les informations demandées) :

Merci pour votre confiance.
L'équipe Eyrolles

P.-S. : chaque mois, 5 lecteurs sont tirés au sort parmi les nouveaux inscrits à notre lettre d'information et gagnent chacun 3 livres à choisir dans le catalogue des éditions Eyrolles. Pour participer au tirage du mois en cours, il vous suffit de vous inscrire dès maintenant sur go.eyrolles.com/newsletter (règlement du jeu disponible sur le site).

Composé par Soft Office
Dépôt légal : mai 2018
Imprimé en france par l'imprimerie CPI (147063)
Achevé d'imprimer : mai 2018